KB181670

그런 여자는 없다

그런 여자는 없다

국민여동생에서 페미나치까지

게릴라걸스 지음 / 우효경 옮김

후마니타스

일러두기

• 한글 전용을 원칙으로 했다. 고유명사의 우리말 표기는 국립국어원의 외래어 표기법을 따랐다. 그러나 관행적으로 굳어진 표기는 그대로 사용했으며, 필요한 경우 한자나 원어를 병기했다.

• 본문의 대괄호([ ])와 각주, "설치고+생각하고+떠들기"는 모두 옮긴이와 출판사 편집진의 첨언이다.

• 단행본, 전집, 정기간행물에는 겹낫쇠(『 』)를, 논문은 큰따옴표(" ")를, 시, 노래, 영화, 연극, TV 프로그램 등에는 홑꺾쇠(〈 〉)를 사용했다.

• 원문의 일부 내용과 사진은 저작권자의 허락하에 업데이트했다.

멋지고 놀라운 한국의 페미니스트들에게

우리 게릴라걸스는 이 책이 한국어로 번역돼 나온다는
소식에 무척 열광했습니다. 우리는 한국 독자들도 우리
책에 실린 여성에 대한 고정관념들에 많은 부분 공감할
것이라 확신합니다. 물론 한국 문화의 맥락에서 추가할
것도 많겠죠. 이는 여러분의 몫입니다. 사회는 끊임없이
고정관념이라는 상자 속에 우리를 가둬 두려 합니다. 이런
고정관념들은 우리의 행동을 제약하고 통제하려 하죠. 우리는
이에 맞서 싸워야 합니다. 이 책은 바로 이런 젠더와 관련된
고정관념들과 그것의 이분법적 구성을 검토하고 비판하며
해체하기 위해 쓴 것입니다.
우리는 여러분들이 무슨 일이 있어도 굴하지 않고 차례차례,
하나씩 하나씩 세상을 바꿔 가고 있다는 것을 알고 있습니다.

우리 모두가 원하고 있는 그런 변화를 지금 당장 만들어 내지
못한 것 같아도 걱정 마세요. 중요한 건 계속 싸우는 겁니다.
당신이 계속 싸워 나간다면, 당신들의 노력 하나하나가
차곡차곡 쌓여 뭔가 중요한 변화를 가져올 것이라 우리는
확신합니다. 심지어 '내 대통령은 아닌' 트럼프가 당선된
지금에도 말이죠.

　모두 각자 나름의 저항 방법이 있겠지만 우리 게릴라걸스가
잘하는 것은 정치적 포스터, 스티커, 비디오, 거리 시위 등을
조직하는 것입니다. 이럴 때 우리는 주변의 이슈들을 모아
그 의미를 비틀어 보고, 우리 주장을 뒷받침할 사실들을
수집하고, 사람들의 마음을 변화시키기 위해 유머를 덧대곤
하지요. 우리는 뭔가를 가리켜 그저 "이건 나빠"라고
하기보다는 좀 더 독특한 문제 제기 방법을 찾기 위해
노력하고 있습니다.

　민권운동, 성소수자 운동, 여성운동, 인종차별반대 운동
등 우리 시대 가장 위대한 인권 운동들은 오늘날 우리가
마주하고 있는 반동의 움직임에도 불구하고 계속해서 성장해
나갈 것입니다. 미래에는 출신 배경, 성적 지향, 젠더, 지역에
관계없이 모두에게 더 많은 인권이 보장될 것입니다. 계속해서
압력을 가하고, 계속해서 말썽을 일으키고, 인종주의와
성차별주의, 여성 혐오와 혐오 발언, 동성애 혐오, 트랜스젠더
혐오, 이슬람 혐오, 외국인 혐오, 이 모든 종류의 혐오에

맞서 싸웁시다. 한국의 독자 여러분, 우리 함께 전 세계 모든
사람들의 인권을 위해 싸워 봅시다. 역사의 옳은 편에서 우리
함께 궁리해 보자고요.

2016년 12월

연대의 마음을 담아

게릴라걸스

고정관념이란,
우리가 억지로
몸을 끼워
맞춰야 하는
터무니없이 작은
상자와 같다.

서론: 이상한 상자 속의 그녀들

오토바이 폭주족이 되든 사교계의 여왕이 되든, 그 어떤 삶을 선택하든 여성은 항상 스스로 넘어서거나 부응해야 할 고정관념과 마주친다. 당신이 겪어 본 고정관념에는 어떤 것들이 있는가? 파파걸? 레즈비언 부치? 백치 미녀? 페미나치? 여성에 대한 이 같은 고정관념들은 보편적 진리에 기반한 것일까, 아니면 갖가지 환상들이 하나둘씩 쌓여 만들어진 과대망상인 것일까? 왜 우리 사회는 유독 여자들에게만 그토록 많은 꼬리표들을 갖다 붙이는 것일까? ('ㅇㅇ녀'라는 말의 반만이라도 'ㅇㅇ남'이라는 말을 찾아보라.)

옥스퍼드 영어 사전에 따르면, '고정관념'stereotype이란 '어떤 특정 유형의 사람들에 대해, 일군의 사람들이 부여한, 대체로 고정화되고 과잉 단순화된 이미지나 생각'이다. 반면 '전형'archetype은 복제본의 기반이 되는 모델이나 이상을 뜻한다는 점에서 고정관념과는 좀 다른 의미다.

이런 식으로 생각해 보자. 고정관념이란 일종의 상자와 같다. 보통 이 상자는 너무 작아서 그 안에서 여성들은 옴짝달싹할 수가 없다. 반면 전형은 여성들이 오르기엔 너무 높이 존재하는 받침대와 같은 것이다. 마더 테레사와 섹시한 금발 미녀처럼 어떤 전형은 고정관념이 되기도 한다. 반면 트로피 와이프, 잡년, 골드 디거Gold Digger 등과 같이 대부분의 부정적 고정관념들은 결코 전형이 될 수 없다. 물론 고정관념이나 전형 모두 여성 스스로 선택한 것은 아니다. 그것들은 실제 당신의

고정관념이
있는데
인간 복제가
왜 필요한가?

모습보다 당신을 과장하거나 폄하하기 위해 타인이 만들어 낸 꼬리표이다.

고정관념 중에는 일부 긍정적인 것들도 있지만, 노처녀, 팜므 파탈, 복지 여왕처럼 대체로 여성 혐오적인 것들이 더 많다. 실제로 상당수의 고정관념들이 여성을 성적 대상으로 환원해 버리거나 성매매 여성에 비유하며(색시Wench나 걸레Slut 등과 같이) 모욕한다.

종교적 신화에서 나온 고정관념들도 있다. 처녀와 창녀의 이분법은 예수 생전에 예수의 어머니 동정녀 마리아와 막달라 마리아의 대비에서 진화한 것이다. 아담의 첫 번째 아내, 사악한 여신 릴리스Lilith는 평등을 주장했다는 이유로 낙원에서 추방되고, 이브로 교체되었다.*

모범적인 삶을 살았던 나이팅게일이나 비극적 삶을 살았던 마릴린 먼로 같은 실제 여성들의 삶에서 따온 고정관념들도 있다(백의의 천사, 백치 금발녀). 또 어떤 고정관념은 제마이마

---

* 먼저 남자를 만들고 그 남자에게서 이브를 만들었다(창세기 2장 22절)는 야훼 전승과는 달리, 구약성서 창세기 사제 전승에 따르면 신은 아담과 릴리스를 동시에 흙으로 만들었다(창세기 1장 27절). 릴리스는 아담에게 동등한 인격체로 대해 줄 것을 요구하고 성관계에서 여성 상위를 주장했다. 하지만 아담이 이를 거부하자 결국 아담의 곁을 떠난다. 이후 정통 기독교에서 릴리스는 쾌락을 추구하다 악마 루시퍼의 아내가 된 음탕한 마녀로 매도되었다. 베드로를 주축으로 하는 남성 사도들도 막달라 마리아를 위시한 여성 사도들을 축출하고 교회의 지배권을 잡는 것을 정당화하는 이론으로 이런 남성 우월주의 신화를 더욱 굳혔다. '릴리스 콤플렉스'라는 개념을 만들어 낸 독일의 정신과 의사 한스 요아힘 마츠 박사는, 여성에 가해지는 억압은 순종적이고 희생적인 이브형 여성상에서 비롯된다고 비판한다.

마릴린 먼로, 그녀는
정말 멍청한 금발이었을까
아니면 그저
연기일 뿐이었을까?

아줌마Aunt Jemima처럼 상품을 팔기 위해 기업이 발명해 낸 것도 있고, 롤리타나 요부 뱀파이어Vamp처럼 시인이나 소설가가 만들어 낸 고정관념들도 있다. 어떤 고정관념들은 시대를 거쳐 변화하기도 한다. 한 예로 과거 성매매 여성을 뜻했던 브로드Broad나 호Ho는 이제 일반적으로 '여자'를 가리키는 말이 되었다.*

이처럼 고정관념이란 태어나고 성장하며 사라지거나 시대에 맞게 변화한다는 점에서 끊임없이 변화하는 문화적 진화의 법칙에 종속된 유기체다. 또 고정관념과 언어는 마치 탯줄로 이어진 산모와 아이처럼, 대중문화 안에서 잉태되어 일상의 은어나 속어들 속에서 탄생한다.

오늘날 가장 활발한 고정관념의 창시자는 바로 영화나 텔레비전, 음악, 신문, 잡지와 같은 미디어이다. 미디어가 만들어 낸 고정관념들은 국경이나 서로 다른 문화 사이를 너무나 쉽게 넘나든다. 한 예로 오늘날 텔레비전과 인터넷은 인종과 계층을 막론하고 매일 전 세계 소녀들에게 고정된 여성 스타들의 이미지들을 주입한다. 이들은 보통 날씬한 몸매에 긴 금발 머리를 한 젊은 여성들로, 가슴 굴곡이 훤히 들여다보이는 잔뜩 파인 셔츠나 잘록한 허리가 드러나는 배꼽티를 입고

* 브로드는 숙녀lady와 잡년bitch의 중간 정도의 의미로 요즘은 섹시한 젊은 여자를 가리키기도 한다. 호는 창녀를 가리키는 whore에서 온 말로 성적으로 문란한 여자를 지칭한다. 이하에서는 문맥을 고려해 각각 냄비, 갈보로도 옮겼다.

서론: 이상한 상자 속의 그녀들

성매매 여성을 뜻했던
브로드Broad나 호Ho는
이제 일반적으로
'여자'를 가리키는
말이 되었다.

앙리 툴루즈 로트렉의 〈물랭 루즈에서 건강진단을 받는 여인들〉(1894)

남근을 연상시키는 마이크에 몸을 비벼 댄다. 이와 같은 고정관념은 강력한 영향을 미친다. 심리학자들은 사람들이 고정관념에 자신을 투영하기 시작하면 고정관념화된 행동을 하게 된다고 말한다. 예를 들어, 여자들이 천성적으로 수학에 약하다는 믿음은 오랫동안 과학 분야에 진출하는 여성들의 숫자를 크게 제한하는 효과를 낳았다. 만약 이런 여성 스타들에 대한 고정관념이 지속된다면, 더 이상 인간 복제는 필요없을 것이다. 많은 이들이 이미 사실상 복제 인간과 다름없어졌다.

한 연구에 따르면, 패션 잡지를 매일 3분간 쳐다보는 것만으로도 70퍼센트의 여자들이 우울해지거나 죄책감을 느끼며 자신을 부끄럽게 여기게 된다고 한다.

애초에 우리가 이 책을 쓰기로 결심하게 된 것도 바로 이 때문이다. 우리는 여성에 대한 고정관념이 우리 삶에 미치는 영향력을 약화시키고자 이 책을 쓰게 됐다. 이 책에서 우리는 우리 시대에 가장 사랑받는 여성에 대한 고정관념들과 가장 악명 높은 고정관념들의 기원과 역사, 그리고 이름만 바꿔 가며 끊임없이 재생산되고 있는 고정관념들을 파헤치려 한다. 우리는 각각의 고정관념들을 면밀히 관찰하고 허점을 찾아내, 부정적인 고정관념들을 기각하며 그것으로부터 벗어나는 방법을 제안할 것이다.

모든 고정관념들에는 흥미로운 역사적 배경이나 재미있는 비화 하나쯤은 있기 마련이다. 우리는 말괄량이 소녀에서부터

쭈그렁 할망구에 이르기까지, 요람에서 무덤까지 우리를 따라다니는 가장 흔한 고정관념들에서부터 시작할 것이다(2장). 그리고 아주 다양한 우리의 성적 자아를 둘러싼 몇 가지 고정관념들을 살펴볼 것이다(3장). 그다음에는 현실과 가상 세계를 아울러 고정관념 속에서 살아가는 여성들의 삶의 이면을 들여다볼 것이다(4장). 카르멘 미란다처럼 스스로 고정관념을 발명한 여성도 있고, 도쿄 로즈처럼 억지로 고정관념을 떠맡게 된 여성도 있다. 또 우리는 사커 맘이나 여성 임원들처럼 일과 관련된 고정관념도 살펴볼 것이다(5장).

고정관념에 대한 우리의 검토는 특정 민족이나 종교 집단에서 파생된 고정관념을 다뤄야만 비로소 완성될 수 있다. 그러나 이것들은 그 자체로 너무 여성 혐오적이라, 대신 우리가 만든, 민족적 고정관념을 나타내는 바비 인형 패러디를 통해 이를 풍자해 보고자 한다(6장).

그리고 마지막 7장에서는 각자가 일상에서 고정관념에 맞서 싸우는 데 사용할 수 있는 몇 가지 아이디어를 제안해 보려 한다.

우리는 우리 문화가 여성들에게 강제하는 고정관념을 거부하고, 여성들 스스로가 자기만의 '고정관념'을 창조할 수 있도록 힘을 보탬으로써, 도처에 존재하는 성차별주의자들과 여성 혐오자들로부터 이 세계를 탈환하는 데 필요한 우리의 역할을 하고자 한다. 웃으면서 끝까지!

미녀와 야수들

게릴라걸스의 팬인 열두 살 소녀가 최근 우리에게 이런 편지를
보내왔다.

"저는 『신데렐라』나 『백설공주』, 『잠자는 숲속의 미녀』 같은 지극히
사랑스러운 동화들에서 매우 이상한 점을 발견했어요. 바로 동화 속
여주인공은 항상 그녀가 얼마나 예쁜지, 얼마나 착하고 여성스러운지에
따라서 가치가 결정된다는 거예요. 반면 힘(권력)을 지닌 여자들은 항상
못생겼거나 사악하게 그려져요. 아니면 못생긴데다가 사악하기까지 하죠.
정말 끔찍한 것 같아요."

'아름다움'이라는 이름의 독재자는 아주 오랜 세월 동안 다양한 세대와
문화를 넘나들며 더욱더 억압적이고 실현 불가능한 신체 이미지로
재현되었고, 이를 통해 여성들의 삶을 결정해 왔다.
오늘날 가장 대중화된 미적 고정관념은, 잡지에서 종종 '연필심 같은
몸매' 혹은 '젓가락 같은 몸매'라고 불리는 극단적으로 마른 체형의
모델들이다. 이 같은 이상은 수많은 여성들을 절망과 자기혐오,
폭식증과 거식증에 빠뜨렸다. 지난 몇백 년 동안 서구 문화에서 이상적
여성상은 점점 더 말라깽이가 되어 갔다. 1980년대에 모델들은 보통
여성들보다 8퍼센트 정도 더 말랐던 데 비해 오늘날은 23퍼센트나 더
말랐다. 소수의 사람들만이 살이 찔 만한 음식을 섭취할 수 있었던
과거에는 살 찐 여성이 아름다운 여성의 전형으로 여겨졌다. 이제는
상류층 여성일수록 수척해질 때까지 굶는 다이어트를 할 가능성이 더
크다.
그렇다면 차세대 미의 여신은 어떤 모습일까? 한 가지 확실한 점은
미래에 어떤 미의 고정관념이 만들어지든지 우리는 그에 걸맞은 여성이

서론: 이상한 상자 속의 그녀들

되기 위해 너무 많은 시간을 낭비하게 될 것이고, 대부분은 실패할
것이라는 사실이다. 게릴라걸스는 당신이 아름다워지기 위해 노력하는
것은 멋진 일이라고 생각한다. 하지만 만약 우리가 아름다워지기 위해
외모에 투자하는 시간과 아름답지 않은 스스로를 탓하는 시간의
반만이라도 줄일 수 있다면, 여자가 세상을 탈환할 수 있을 것이다.
그러면 우리는 실현 불가능한 미에 대한 강박을 금지하는 법을
통과시켜 버릴 수 있다.

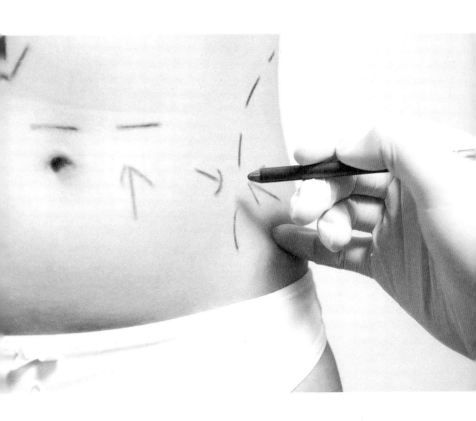

파파걸/말괄
량이/이웃집
소녀/빔보/
팜므 파탈/
잡년/엄마/
노처녀/할망구

요람에서
무덤까지
여자들을
따라다니는
고정관념들

우리가 최초로 고정관념화되는 장소는
바로 어머니의 자궁이다. 임신 축하 파티에 초대돼 본
적이 있는가? 아직 아기의 성별을 몰라 중성적인 선물을
사려고 해도, 거의 대부분의 아기용품들이 ― 심지어는
기저귀에서부터 안전핀까지! ― 성별에 따라 구분돼 있음을
발견하게 될 것이다.

갓 태어난 아기들은 모두가 먹고 자고 울고 기저귀를 적시는
똑같은 행동을 하지만 세상에 나온 첫날부터 그들은 남자와
여자로 구분된다. 여아들은 마치 여자에게 필요한 것은 오직
사랑뿐이라는 걸 알려 주려는 것처럼 분홍색 하트로 장식된
옷을 입는다. 남아들은 마치 장차 남자다운 직업을 갖기 위해
준비라도 하듯 소방차나 트럭 등이 그려진 파란색 옷을 입는다.
이 같은 힌트가 없다면 보통 사람이 〔성별 구분 없는〕 옷을 입은
아기를 보고 성별을 알아맞추기란 거의 불가능하다.

우리는 '여자 애는 분홍, 남자 애는 파랑'이라는 공식에
익숙해져 있지만, 1920년대 이전까지만 해도 〔서양에서는〕 4, 5세
이하의 아기들은 성별에 관계없이 똑같은 옷을 입었다. 똑같은
곱슬머리에 주름 장식이 달린 드레스를 입은 아기들의 성별을
구분하기란 꽤 어려운 일이었다.

그런데 20세기 초반 들어서 사회 개혁가들이 〔이 가운데
몇몇은 여성들이었다〕 유아복을 더욱 실용적으로 바꾸자는
캠페인을 벌였고, 태어나면서부터 성별에 따라 유아복을 달리

당신은 이 빅토리아 시대 아기의
성별을 구분할 수 있는가?

입히자고 주장했다. 그들은 흥미롭게도 색깔로 아기들의 성별을 구분하자고 하면서 남아에게는 분홍색을, 여아에게는 파란색을 입히자고 제안했다. 세월이 흐르는 동안 이는 반대로 뒤집혔다. 왜 오랫동안 똑같이 옷을 입던 아기들에게 성별에 기반해 특정 색깔의 옷을 입히는 게 유행하게 됐을까? 당시 여성 참정권 운동에 대한 불안과 공포를 반영한 것일까? 아니면 '해부학적 구조는 운명이다!'라는 프로이트의 이론을 증명하기 위한 시도였을까? 아니면 남자 애들을 세계대전에 대비시키기 위한 것이었나? 어떤 이유에서건 20세기 동안 청바지나 티셔츠, 스니커즈처럼 성인복은 점점 더 중성화되었던 반면, 유아복은 점점 더 성별화되어 갔다.

여자애들의 삶은 하트, 꽃 장식, 주름 장식, 레이스 등 고정관념화된 패션에 파묻혀 시작된다. 성장 과정에서 그녀는 인생의 매 단계마다 갖가지 고정관념에 부딪힐 것이다. 지금부터 파파걸에서 할망구에 이르기까지, 평생 동안 가장 끈질기게 여성들을 구속해 온 고정관념들을 소개하려 한다.

요람에서 무덤까지 여자들을 따라다니는 고정관념들

파파걸

파파걸은 딸바보 아빠들에겐 눈에 넣어도 아프지 않을
보물이다. 딸은 물론 그런 사실을 자랑스럽게 여긴다! 아빠는
멋지고 중요한 사람이라 그런 아빠의 사랑을 받는 아이인 딸
역시 특별한 존재가 된다. 파파걸이 된다는 건 좋은 일이다.
1977년 한 연구에 따르면, 기업에서 경영진에까지 오른 여성들
모두가 어머니보다 아버지와 훨씬 더 가까운 것으로 드러났다.

반면, 마마보이가 된다는 건 나쁜 일이다. 마마보이는
모성애에 질식해 남성성을 거세당한 존재다. 마마보이의
엄마는 보통 굉장히 자기중심적이고 애정에 굶주린 성질
더러운 여자로 아들을 지나치게 의존적으로 만드는 존재다(이
책 90쪽, "고정관념의 끝판왕, 엄마" 참조).

얼핏 보기에 파파걸은 순수한 이미지다. 그러나 겉치장을
한 꺼풀 벗겨 내고 나면 온갖 종류의 금지된 욕망과 강박,

왜 파파걸이 되는 건
좋은 일이지만
마마보이가 되는 건
나쁜 일일까?

심지어는 성적 암시까지 내포되어 있음을 알 수 있다.
인터넷에서 '파파걸'을 검색하면 미성년자 소녀들을 보여
주는 포르노 사이트들이 수백 개씩 뜬다. 한 예로 1930년대에
콜 포터Cole Porter가 쓴 〈내 마음은 아빠 거〉My Heart Belongs
to Daddy라는 노래를 보면, 가사에 등장하는 '아빠'가 실제
아빠인지 애인인지 알 수가 없다. 마릴린 먼로는 남편 조
디마지오를 '아빠'라 불렀고, 지금도 수천 명의 미국 여성들이
남편을 그렇게 부르고 있다. 또 한때는 성관계를 대가로 나이
어린 내연녀가 고상한 라이프 스타일을 유지할 수 있도록 돈을
대주는, 나이 많고 부유한 아프리카계 미국인 남성을 할렘 가
슈거 힐(뉴욕 시의 할렘 가가 내려다보이는 부유층 거주지)에서 온 '슈거
대디'(달달한 아빠)라고 불렀다.

　프로이트는 아버지에게 지나치게 집착하는 딸들의 경우
어머니에게 적대적이며 '엘렉트라 콤플렉스'Electra Complex에
시달린다고 생각했다. 그의 이런 생각은 그리스신화에 나오는
극단적으로 병든 한 가족에서 착안한 것이었다. 아가멤논은
트로이전쟁에서 승리하기 위해 딸 이피게니아를 신들에게
희생물로 바쳤다. 이에 분노한 아내 클리템네스트라는
애인(아이기스토스)과 공모해 남편 아가멤논을 살해한다. 둘째
딸 엘렉트라는 오빠 오레스테스와 함께 아버지의 복수를 위해
어머니와 어머니의 애인을 살해한다. 신화 속의 엘렉트라는
극단적인 파파걸이다. 프로이트는 엘렉트라와 아버지의 관계,

내 마음은 아빠 거

콜 포터

골프를 치는 동안 나는 캐디에게 수작을 걸 수도 있겠지만
그래도 끝까지 가지는 않는 답니다.
내 마음은 아빠 거니까요.
젊은 남자를 저녁 식사에 초대해
맛있는 훈제 대구 요리를 즐긴다 해도
난 그저 그가 안달복달하는 걸 즐길 뿐이죠.
내 마음은 아빠 거니까요.

그래요 내 마음은 아빠 거예요.
그래서 부끄러운 짓은 할 수가 없죠.
그래요 내 마음은 아빠 거예요.

저기 남자들한테 경고 좀 할게요.
당신이 아무리 멋져 보여도 내 마음은 아빠 거라고요.
왜냐면 우리 아빤 내게 너무 잘하거든요!

그리고 그녀의 어머니에 대한 증오 속에 에로티시즘과 성적 질투가 내재돼 있는 것으로 보았다. 프로이트가 옳았을까? 파파걸은 항상 어머니와 경쟁 관계에 있는 것일까? 아버지와 딸 사이의 강한 애착 속에는 성적인 요소가 존재하는 걸까?

파파걸과 마마보이의 이분법으로 돌아가 보자. 아버지와 딸 사이의 애정 어린 관계를 찬양하는 바로 그 문화가 어머니와 아들의 애정 어린 관계는 조롱한다. 이는 남성의 특권을 에둘러 인정하는 것일까? 아니면 아버지와 딸 사이에 존재하는 성적 학대의 역사를 무의식적으로 수용한 결과일까? 부모에 의한 성적 학대가 이젠 공공연한 비밀이 되어 버린 시대에 우리는 수많은 해석의 여지를 내포한 파파걸을 어떻게 해석해야 할까? 딸에 대한 아버지의 건전한 애정을 묘사한 새로운 말은 없을까? 동시에 마마보이의 명예도 회복시키고 아들에게 긍정적 영향을 미치는 어머니의 사랑을 제대로 설명해 줄 수 있는 새로운 말도 필요하지 않을까?

우에노 지즈코는 가부장제하에서 딸은 강자인 아버지의 총애를
둘러싼 어머니와의 라이벌 관계 속에서 아버지와 동맹 관계를 맺을
때 "아버지의 딸"이 되며, 이는 가부장제 질서로의 편입을 의미한다고
지적한다. 이로부터 탈피하는 길은 양자택일의 선택지를 거부하는 길,
즉 '어머니됨'과 '딸됨'으로부터 해방되는 수밖에 없다.

— 『여성 혐오를 혐오한다』

일본 영화 〈비밀〉(1999)은 엄마의 영혼이 딸의 몸에 빙의된다는 설정 속에서 아버지와 딸
의 관계를 다룬다.

말괄량이

'말괄량이'〔선머슴, 왈가닥〕를 뜻하는 톰보이tomboy가 항상
소녀를 지칭하는 말은 아니었다. 이 말의 오랜 역사는
16세기로 거슬러 올라가는데, 당시에는 술을 고주망태가
되도록 마시고 젊은 여자들과 놀아나는 젊은 남자를 의미했다.
19세기에 이 외설적인 딱지가 여성에게 붙기 시작해, 무례하고
막돼먹은 조신하지 못한 여성, 즉 슬럿〔걸레〕slut을 뜻하는
말이 되었다. 그리고 20세기 들어서는 운동광인 남자애들과
똑같이 육체적인 활동을 좋아하는, 활달한 여자애들을 뜻하는
말이 된다.

여자애라면 집에 얌전히 틀어박혀 요리와 청소, 바느질을
배워야 했던 시대에 운동을 좋아하는 활동적인 여자애는
여자답지 않다고 여겨졌다. 하지만 우리는 그렇게 생각하지
않는다. 말괄량이 소녀들은 주변을 둘러보고는 남자애들만

노먼 록웰은 말괄량이 소녀를 그린
1953년 작품에 〈패배 속 환희〉라는 제목을 붙였다.
그는 왜 이 소녀가 싸움에서
이겼을 거란 생각은 하지 않았던 걸까?

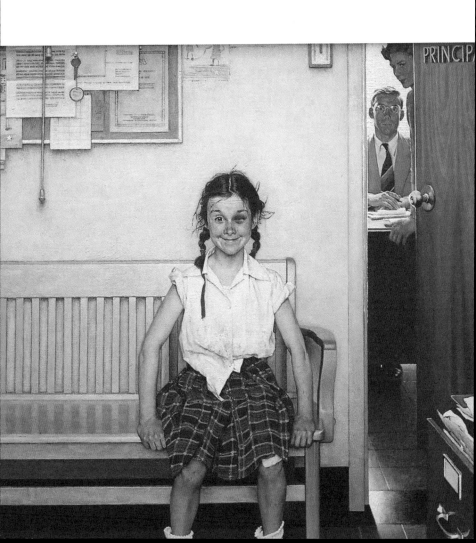

온갖 행운을 독차지하고 있다는 사실을 깨달았을 뿐이다. 남자애들은 동네방네 뛰어다니며 운동을 즐기고, 스스로를 육체적으로 표출할 수 있었다. 말괄량이 여자애들은 사람들이 자신에게 기대하는 바는 제쳐 두고 그 재밌는 일을 함께하고 싶었던 것이다! 그렇다고 그들이 반드시 고추가 달린 남자가 되고 싶었던 것은 아니다. 그저 남자애들이 늘 자유롭게 하는 것들을 그들도 하고 싶었을 뿐이다.

말괄량이들은 어느 정도까지는 귀엽게 받아들여지고 사회적으로도 용인받았지만, 결혼 적령기에 이르면 '정신 차리고' 숙녀가 되어야만 했다. 만약 그러지 않고 어른이 된 뒤에도 계속해서 남자애처럼 행동하면, 동성애자라는 의심을 받기도 했다. 많은 부모들이 말괄량이 기질을 가진 딸이 레즈비언이 되지는 않을까 노심초사했고, 여성 체육 교사들은 항상 동성애자라는 의심을 받았다.

20세기 초 미국에는 밀드레드 "베이브" 디드릭슨Mildred "Babe" Didrikson이라는 유명한 말괄량이가 있었다. 1911년에 태어난 베이브는 어려서부터 스포츠에 두각을 나타냈다. 그것도 한두 종목이 아니라 농구, 야구, 테니스, 육상, 곡예, 수영, 스케이트, 스쿼시, 당구까지 모든 스포츠에 만능이었다. 1932년 올림픽에서 그녀는 다섯 종목에 출전할 자격을 갖추었지만 당시 올림픽 규정에 따라 세 종목에만 출전할 수 있었다. 그때는 출전한 모든 종목에서 신기록을 세웠다. 그때는 여성

요람에서 무덤까지 여자들을 따라다니는 고정관념들

미국의 대표 말괄량이

루이자 메이 올컷의 『작은 아씨들』에 나오는 조 마치는 자립심
강한 말괄량이였다. 치마를 불편해 했던 조는 겨울에도 밖에 나가
남자애들과 눈싸움을 하곤 했다. 이 같은 조의 행동은 그 시대에는
무척 대담한 행동이었다. 이 책은 작가 자신을 모델로 한 조를 포함해,
실제 올컷 가족에 기반을 둔 것이었다. 오늘날까지도 작가가 되고자
하는 말괄량이 조의 야심에 공감하며 인생에서 결혼 이상의 성취를
이루려는 수백만 명의 팬들이 있다.
물론 소설의 결말에서 조는 결혼과 동시에 말괄량이 시절을 졸업한다.
조는 연상의 남자에게 반해 아이를 갖고 남편과 남학교를 운영하게
된다. 하지만 현실에서 올컷은 평생 결혼도 하지 않았고 아이도 낳지
않았다.

운동선수가 스포츠로 돈을 벌 수 없던 시대였기에 베이브는
선전 영화에나 출연해 공을 차는 장면을 연출하거나, 무대
위에서 노래를 부르며 관객들에게 골프공을 날리는 묘기를
선보이는 등 자신의 유명세를 이용하는 방법으로 생계를 이어
가야 했다. 그러다 마침내 그녀는 최초의 여성 프로 골프 선수가
될 수 있는 방법을 찾았다. 직접 전미 여자프로골프리그LPGA를
창단했던 것이다.

베이브는 소위 '남성적' 기질이 강한 여성이었다. 이제까지
해보지 않은 놀이(운동)play가 있느냐는 한 기자의 질문에 그녀는
이렇게 대답했다. "물론이죠, 인형 놀이요." 또 한 여성 관객이
"콧수염은 어디에 두고 왔냐?"라고 조롱하자, 그녀는 이렇게
받아쳤다. "언니, 밑에 달고 있는데요, 바로 당신처럼요!"
베이브는 무하마드 알리보다도 훨씬 전에 스스로를 "가장
위대하다"라고 선언했다.*

베이브의 말괄량이 이미지는 당대의 기준에서는 너무
급진적이었다. 그녀가 레즈비언이라는 소문이 돌았고, 언론의
집중포화를 받았다. 한 기자는 베이브가 이룬 성과에 대해
"스포츠 세계에 여자가 설 곳이 없음을 반증하는 예일 뿐이며,
그녀를 비롯해 그녀 같은 여자들은 집에나 처박혀 제대로

* 무하마드 알리(1942~2016)가 세계 헤비급 챔피언이었던 소니 리스턴과의 대결에서 승리
한 후 "나는 가장 위대하다. 나는 세상의 왕이다"라고 외친 것은 1964년이었다.

(SUGGESTED FOR USE WITH SPORTS WIRE STORIES TO MOVE IN ADVANCE ON BABE DIDRIKSON ZAHARIAS)
(NY13-SEPT. 24--WHEN THE BABE STARRED IN MANY SPORTS--Here are four stages of the fabulous s
career of Mildred (Babe) Didrikson Zaharias. From left, she poses with javelin as member of
U.S. Olympic team in Los Angeles in 1932; she demonstrates her billiard technique in Chicago
1932. she practices her basketball shooting (no date) and she warms up to pitch for the New
Orleans team against the Cleveland Indians in exhibition game at New Orleans in 1934.(APWire
photo)(See Wire Story)(gfr21040fls) 1956.

Turning aside concerns about injuries and styl...

좀 꾸미고 전화나 받는 것이 나을 것"이라고 말했다. 자신의
경력을 이어 가기 위해 그의 조언을 받아들인 베이브는 외모를
여성적으로 꾸미기 시작했다. 그녀는 새로운 헤어스타일을
선보였고 꽃무늬 드레스를 입고 화장을 했다. 프로레슬링
선수와 결혼하고 기자들에게 자기 삶에서 가장 짜릿했던
밤은 남편과의 첫날밤이었다고 밝히기도 했다. 그러나 그것은
베이브의 공적인 모습에 불과했다. 실제 사생활에서 베이브는
한 젊은 여성 골프 선수와 친밀한 관계를 유지했고, 남편과
이들 셋은 동거까지 했다고 전해진다. 공식적으로 확인된 바는
없지만 오래전부터 그들은 연인 관계로 알려져 있었다.

오늘날 여자 선수들은 그 어느 때보다도 더 주목받고 있지만,
여전히 그녀들을 둘러싼 오래된 고정관념들은 완전히 사라지지
않았다. 사람들은 그녀들이 여전히 가능한 여성스럽고
이성애자답게 처신하기를 기대한다. 여성 피겨 스케이팅
선수들이 입는 에로틱한 의상을 보라. 왜 남자 체조 선수들은
바지를 입는데, 여자 체조 선수들은 맨다리를 드러내야 하는가?

화장이나 옷에 관심이 없는 여자 선수들이나 레즈비언이라고
커밍아웃한 여자 선수들을 언론은 거의 다루지 않는다. 전설적
테니스 여왕 마르티나 나브라틸로바Martina Navratilova*는 세계
최정상에 올랐을 때조차 광고 제안을 거의 받지 못했다.
이는 그녀의 남성적 외모와 성적 지향 때문이 아니었을까?
오늘날 테니스 챔피언 비너스 윌리엄스와 세레나 윌리엄스는

요람에서 무덤까지 여자들을 따라다니는 고정관념들

베이브 디드릭슨에게 좀 더 여자답게 행동하라고
강요하던 시대는 진정 변했는가?

마르티나보다 훨씬 더 근육질의 몸매와 힘을 겸비한 선수들이지만, 섹시한 짧은 드레스나 세련된 헤어스타일, 반짝이는 장신구, 짙은 화장을 즐긴다. 그 결과 그녀들은 수천만 달러의 광고를 찍을 수 있었다. 백인 금발 미녀 테니스 선수 안나 쿠르니코바 역시 프로로서 실적은 거의 없지만 여전히 광고로 많은 돈을 벌어들이고 각종 잡지 표지에 반나체로 등장하곤 한다.

왜 프로 스포츠계는 동성애를 두려워하는 걸까? 우리는 여성적인 것에 대한 주류 이성애적 사고에 사로잡혀 있는 미디어에 다음과 같이 요구하는 바이다. 영원한 말괄량이들, 그러니까 평생 사내애들처럼 지내며 자신의 섹스 파트너는 그게 누구든 스스로 선택하는 이런 여성 선수들을 스포츠계의 치부로 취급하며 감추려 들지 말라.

* '철의 여인'이란 별명을 가진 체코 출신의 미국 테니스 선수. 그녀는 선수 생활 45년간 가장 많은 우승을 한 선수로, 특히 1982년부터 1987년까지 6년 연속 윔블던 우승 기록은 테니스 역사상 아직도 전무후무하다. 또한 단식, 복식, 혼합복식에서 모두 커리어 그랜드 슬램을 달성한 세 명의 여자 선수 중 한 명이다. 미국 시민권을 받은 1981년, 언론을 통해 레즈비언임을 커밍아웃했다. 은퇴 후 다양한 정치 활동 및 사회운동에 관여하며 특히 청소년 성소수자들을 위해 힘썼다.

저는 웃기도 잘하고 우승도 잘하고,
게다가 섹시하기까지 하죠.

— 세레나 윌리엄스

솔직히 난 여자 테니스 선수들에게
왜 몸에 딱 달라붙는
의상을 입히는지 모르겠다.
이런 걸로 관객을 끌 수 있다고
정말로 생각한다면 아예 벌거벗고
나가라고 하면 될 일 아닌가?
남자 선수들에게 꾸미라고
강요하는 경우는 보지 못했을 것이다.
왜 여자 선수들은 끊임없이
여성임을 증명해야 하는가?

— 마르티나 나브라틸로바

이웃집 소녀

말괄량이 딸이 '철들기'를 고대하는 부모들은, 아마도
딸들이 나이가 들어 철이 들게 되면, 가장 여성스러운 고정관념
가운데 하나인 '이웃집 소녀'로 거듭날 것이라 생각할 것이다.
옥스퍼드 영어 사전에 따르면 이웃집 소녀는 '사람을 잘
믿고, 순수하며, 정숙하지만 약간은 꽉 막힌 여자'를 말한다.
이런 여자는 친숙하고 일상적이며 남들과 다르지 않은 존재,
전통적인 가족적 가치를 비추는 거울과 같은 존재다. 그리고
그녀는 거의 항상 백인이다. 이웃집 소녀는 순결하고 가정에
충실하며 결코 권위를 거스르지 않는다. 그녀는 노먼 록웰*의
그림을 뚫고 나온 것 같은 존재로 도리스 데이, 마리 오스몬드,
샌드라 블록, 줄리아 로버츠 같은 여자들이 바로 이런
여자들이다. 그러나 메이 웨스트, 마릴린 먼로, 마돈나, 루시
리우 같은 여자들은 결코 이웃집 소녀가 될 수 없다.

노먼 록웰, 〈영화배우 사진을 들여다보는 소녀들〉(1938)

이웃집 소녀라는 고정관념에서 핵심적인 것은 결혼 전에 아무리 방황하고 방탕한 삶을 살던 남자라 해도 때가 되면 집으로 돌아와 정숙한 여성과 결혼한다는 메시지이다. 그래서 이웃집 소녀는 그들에게 허락된 최고의 장소인 집에 처박혀 얌전히 미래의 남편을 기다릴 수 있는 것이다.

물론 이웃집 소녀들이 집에 처박혀 있을 수밖에 없는 이유 중 하나는 오랫동안 그녀들에게 집 말고는 허락된 장소가 없었기 때문이다. 20세기 후반까지만 해도 정숙한 소녀들이 집을 떠나 학교나 직장에 가는 일은 거의 없었다. 교육을 받거나 직업을 가지고 있던 여성들조차 그들이 길러진 목적, 즉 결혼해서 현모양처가 될 때까지는 부모의 집에 살았다. 드물게 모험적인 여성들은 대도시에서 돈을 벌기 위해 홀로 고향을 떠났지만 평판은 땅에 떨어졌다.

1960년대 전까지 이웃집 소녀는 매력적이고 호감 가는 존재였지만 결코 혼전 관계를 가지는 법이 없었다. 그녀는 적절한 신랑감과 결혼 혹은 최소 약혼 전까지 처녀여야 했다. 이를 참지 못한 이웃집 소녀는 동네 '걸레' 취급을 받았다.

* 20세기 미국 화가이자 일러스트레이터이다. 미국인의 평범한 일상을 잘 포착해 낸 작가로 알려져 있다. 특히 『새터데이 이브닝 포스트』 잡지에 50년간 표지를 그리며 남긴 4천여 점의 작품으로 유명하다. 그는 동네 의사, 할아버지와 손녀, 보이스카웃, 전쟁에서 돌아온 군인을 맞는 가족 등 일상적이지만 미국적 냄새가 물씬 나는 소재들을 즐겨 그렸다. 하지만 그가 다루는 미국의 이미지가 지나치게 보수적인 백인 가족 중심이며 소수 인종에 대한 묘사나 사고가 부족하다는 비판도 있었다. 록웰은 나중에 이런 비판을 받아들여 좀 더 다양한 사회, 인종 문제를 표현하려 했다.

요람에서 무덤까지 여자들을 따라다니는 고정관념들

굿 걸
이웃집 소녀 가능

이웃집 소녀는 안 됨
배드 걸

이제 시대는 변했다. 여자들은 남자들에게만 열려 있던 고임금 직종에 진입하기 위해 투쟁했다. 여자들은 자기만의 방을 빌려 혼자 살면서 자신이 원하는 대로 살기 시작했다. 오늘날에는 이웃집 소녀들도 자신만의 모험을 떠난다. 사실 그녀들은 더 이상 섹스를 포함해 많은 것들을 그저 기다리고만 있지 않는다. 브리트니 스피어스는 처음엔 소박하게 이웃집 마우스케티어Mouthketeer*로 데뷔했지만 재빨리 배꼽티를 걸친 십대 섹시 스타로 성장했다.

어떻게 이웃집 소녀는 성생활을 즐기게 된 것일까? 스스로 번 수입이 그녀의 성욕에 불을 지르기라도 한 것일까? 아니면 피임약이 그녀를 바꿔 놓은 것일까? 그것도 아니라면 우드스탁 페스티벌? 페미니즘? 설마『플레이보이』?

『플레이보이』의 창시자 휴 헤프너는 자신의 잡지에 등장하는 플레이메이트Playmate**들이 바로 이웃집 소녀들이라고 주장했다. 언제든 화끈한 섹스를 즐길 준비가 된 풍만한 가슴의 금발들(단, 음모는 보여선 안 된다) 말이다. 1950년대 당시 이는 혁명과도 같은 주장이었다.『플레이보이』 이전까지 나체를 보이는 여자들이란 불량한 여자들뿐이었다. 오늘날에는 미국 전역의 이웃집 소녀들이 LA로 모여들어

* 월트디즈니 사의 TV 프로그램 〈미키마우스 클럽〉에 발탁된 아이.

** 『플레이보이』 잡지 중간에 접혀 있는 큰 사진 속에 나체로 등장하는 여자 모델.

요람에서 무덤까지 여자들을 따라다니는 고정관념들

이웃집 소녀에겐 대체 무슨 일이?
집을 뜰 수 있게 되자 줄행랑을 친 그녀들

1940년대
이웃집 소녀들은 남성들이 전쟁터에 있는 동안 일터로 나갔다.

1950년대
수많은 이웃집 소녀들이 대학에 진학하기 시작했다.

1960~70년대
성혁명으로 이웃집 소녀들도 혼전 성관계를 할 수 있게 됐다.
피임약과 낙태할 수 있는 권리는 임신을 여성의 선택으로 만들었다.
동성애자 해방운동으로 이웃집 소녀들이
레즈비언이라 커밍아웃하는 것 역시 좀 더 수월해졌다.

1970~90년대
여성해방운동을 통해 획득한 더 나은 수입과
자유 덕분에 이웃집 소녀들은
더 이상 가정에 머무를 필요가 없어졌다.

노먼 록웰, 《캠핑에서 돌아온 소녀》(1940)

휴 헤프너를 위해 옷을 벗어젖힌다. 심지어 이런 딸들을 자랑스러워하는 부모들도 있다. 그렇지만 휴 헤프너의 말마따나 그들은 여전히 이웃집 소녀들이다. 여전히 이웃집 소년들을 만족시키는 데 봉사하고 있기 때문이다.

이웃집 소녀라는 고정관념은 교육도 받고, 일도 하고, 심지어 성생활도 즐기는 존재로 탈바꿈했을지언정 사라지지 않고 있다. 그녀는 여전히 대부분의 남성들이 가장 원하는 여성상을 상징한다. 귀여움, 아양, 조신함, 그리고 당신도 잘 알고 있는 그런 좋은 점들을 모두 갖춘 여성 말이다!

나는 섹스는 악이 아니라고 생각한다.
착한 소녀들도 섹스를 한다.
『플레이보이』 잡지 중간에 접어 넣은
이웃집 소녀들은 이런 내 철학에 기반을 두고 있다.

—휴 헤프너

여동생과 소녀들의 시대

영어에서 소녀girl라는 말이 단순히 나이 어린 여자애만을 의미하지 않게 된 지는 오래됐다. "쉽게 성적 요구에 응해 주거나" "지위가 낮다고 간주되는" 여성을 가리키는 뉘앙스가 더해지면서, 마치 우리말의 '미스 김'처럼, 영미권에서도 부하나 동료 여성을 가리켜 '걸'이라 부르는 것은 이제 몰상식한 언사가 되었다('보이'boy 역시 천한 일을 하는 흑인 남성을 부르는 말로는 같은 운명에 처했다).

하지만 다른 한편으로 걸들이 전 세계 매스 미디어를 점령한 지도 오래다. 브리트니 스피어스가 교복 차림으로 "한 번만 더 해줘"hit me baby one more time라고 노래하며 선풍적 인기를 끈 것이 1998년, S.E.S.나 핑클 등의 청순가련형 소녀들이 한국 가요계를 점령한 것도 같은 시기였다. 그리고 2000년대 중반부터 등장하기 시작한 소녀들은 이들보다 더 어리고 더 섹시한 컨셉을 내세우기 시작했다.

/ 귀엽고도 섹시한, 국민여동생

'귀여운 소녀', 요즘 말로 하면 국민여동생에게는 특별한 것이 있다. 과거의 청순가련형 소녀들이 예쁘고 순수하지만 나약하고 무력하며 의존적인 특징이 강했던 데 비해, 이들은 보다 당찬 매력과 노골적인 애교로 관객을 무장 해제시킨다. 하지만 여기서 가장 특별한 점은 (오빠가 진짜 오빠가 아니듯이) 여동생 역시 정말 여동생은 아니라는 데 있다.

2004년, 영화 〈어린 신부〉에서 문근영은 할아버지의 명령으로 열여섯 살에 스물넷의 대학생과 결혼을 하게 된 10대 유부녀 역할로 첫 번째 '국민여동생'이 되었다. "밥 못해도 좋다, 섹시하게만 자라다오"라는 '오빠'의 욕망을 충실히 따르는 이 영화에서 문근영은 교복을 입고 "난 아직 사랑을 몰라" "조금 더 기다려 달라"라고 노래하며 전국의 '오빠'들의 가슴에 불을 질렀다. 그 이후 〈과속 스캔들〉의 박보영에서부터 김연아, 아이유, 수지 등 국민여동생의 계보를 이어 간 이들은 모두 "나이가 어리고, 성격이 온순해 보이며, 애교와 웃음이 많고, 순결해 보인다"라는 이미지를 공유한다.

/ 롤리타, 소녀들의 시대

2007년 원더걸스를 시작으로 소녀시대, 카라, 아이유 등이 맥을 이으며 가요계에도 소녀들의 시대가 왔다. 이들은 대부분 몸매를 강조하는 짧은 의상을 입고 몸의 움직임과 선을 강조하는 춤을 춘다. 특히 원더걸스는 삼촌팬, 넥타이 부대 등의 중장년층을 끌어들이며 승승장구했는데, 당시 가장 어린 두 멤버가 열다섯 살이었으며, 소녀시대의 경우 2007년 당시 멤버 전원이 고등학생이었다. 이후 '어림'과 '섹시함'의 비율이 어떻게 조정되느냐에 차이가 있을 뿐 하나같은 걸그룹들이 양산되고 있다.

기획사는 이들이 미성년임을 강조하는 시장 전략을 취했다. 이는

"성인들의 죄책감 섞인 즐거움을 노골적으로 자극한 영악한 상품"이었다. "미성년에 대한 금지된 욕망"을 죄책감 없이 소비할 수 있는 것은, 소녀들이 '오빠'와 '삼촌'들을 유혹하며 사랑한다고 말하기 때문이었다.

/ 롤리타 효과

무릇 '사람'은 성장하기 마련이다. 나이가 들면 외모도 변하고, 연애도 하고, 자기만의 생각도 갖게 된다. 하지만 이런 자연스러운 과정들이 국민여동생 캐릭터에게는 용인되지 않는다. 국민여동생이 앳된 외모에서 '역변'하거나, 배운 여자가 되거나, 실제 연애를 시작하면 대중은 분노한다. 〈건축학 개론〉에서 수지가 선배와 자기 방에 들어가는 장면 하나로 '쌍년'이 됐듯이 말이다.

지지 더럼 교수는 미디어가 어린 소녀들을 성적으로 대상화하는 경향이 청소년이 식이 장애와 자기 혐오, 우울증과 자살율 증가 등과 연관돼 있다고 지적한다. 그녀가 말하는 '롤리타 효과'를 구성하는 다섯 가지 신화는 다음과 같다.

1. 여자는 남자를 선택할 수 없다. 남자만이 여자를 선택한다.
   그것도 섹시한 여자만.
2. 아름다움에는 한 가지 종류만 있다. 마르고, 볼륨감 있고, 하얗고.
3. 여자들은 그런 아름다움을 얻기 위해 노력해야 한다.
4. 여자는 어릴수록 섹시하다(아름답다).
5. 성적 폭력은 멋질 수 있다.

어린 소녀를 유혹하는 주체로 설정하면서 '미성년자에게도 성적 자기 결정권이 있다'라고 주장하는 이들도 있다. 하지만 미성년자의 성적 자기 결정권을 인정하는 것과 그들을 상품화하고 대상화하는 것이 과연 같은 일이 될 수 있을까? 우리는 여성으로서 생애 주기의 첫 문턱을 넘어선 이들에게 과연 자신의 몸에 대해 어떻게 생각하라고 말하고 있는 걸까?

참고문헌

한지희, 2015, 『우리 시대 대중문화와 소녀의 계보학』, 경상대학교출판부.
윤조원, 2008, "'원더걸스'와 롤리타 신드롬" 『안과 밖』 24호.
김형경, "국민여동생을 만들고 향유하는 남자" 『중앙일보』(2016/05/14).
송원섭, "연예인과 로리타 콤플렉스" 『일간스포츠』(2007/12/14).
김정주, "국민여동생, '롤리타 콤플렉스' 산물?" 『머니투데이』(2008/12/21).
황진미, "엄청난 퇴행의 시대, 누가 아이유에게 돌을 던지나" 『오마이뉴스』(2015/11/10).
황진미, "아이유는 당신들의 롤리타인 적이 없었다" 『여성신문』(2015/11/12).
김보영, "대중문화에서 '로리타 콤플렉스'를 다루면 안 되나" 『위키트리』(2015/11/26).

빔보 / 멍청한 금발녀

'빔보'는 원래 젠더 중립적인 이탈리아어 '밤비노'(어린애)에서 온 말이지만 점차 여성을 지칭하는 말이 되었다. 1920년대 신여성들의 시대에 빔보는 남녀를 막론하고 멋진 사람을 가리키는 말이었다. 1930년대 들어 탐정소설들은 빔보를 반대의 의미, 즉 남녀를 막론하고 '멍청이', '얼간이'를 가리키는 말로 쓰기 시작했다. 제2차 세계대전과 1960년대 사이 언제부턴가 빔보는 오로지 여성만을 지칭하게 되었는데, 보통은 딱 붙는 옷에 하이힐을 신고 볼륨 있는 몸매를 자랑하지만 별로 똑똑하지 못한 금발 여성(흑발인 모니카 르윈스키는 예외다)을 뜻했다.

1980년대 중반에 언론은 사회적으로 명망 있는 남자들과 불륜 관계에 있는 여성들에 집착했다. 도나 라이스Donna Rice나 제시카 한Jessica Hahn, 제니퍼 플라워스Gennifer Flowers 같은

섹스와
무지를
잘 섞어
흔들어 주면
멍청한 금발
여자가 된다.

— 『워싱턴 포스트』

여성들*이 하나둘씩 언론에 의해 빔보 캐릭터로 만들어졌다. 빔보라는 고정관념이 탄생한 것이다!

오늘날 빔보는 젊고 야심 찬 여성들로 그려진다. 이들은 유명해질 수만 있다면 성공한 늙은 남자들과의 잠자리도 마다하지 않는다. 그녀는 야한 옷을 입고 풍만한 가슴을 자랑하는 육감적인 여자인 동시에 너무나 순진무구해서 남자가 하는 말은 모두 곧이곧대로 믿어 버리는 그런 여자다. 또한 빔보는 공교롭게도 거의가 백인 여자다.

이에 대한 응용 버전도 다양하다. 빔벳Bimbette(아주 어린 빔보), 점보 빔보Jumbo Bimbo(스튜어디스 빔보), 빔보의 폭로Bimbo eruptions(빌 클린턴 전 대통령의 섹스 스캔들), 빔보 제어Bimbo control(섹스 스캔들의 피해를 최소화하기 위한 작업) 등등. 물론 빔보의 남성 버전도 있긴 하다. (허우대만 멀쩡한 남자를 뜻하는) 힘보Himbo와 (멍청한 몸짱남을 뜻하는) 헝크Hunk가 그렇다.

빔보는, 여성이 미와 지성을 모두 겸비할 순 없다는 지겨운 성차별적 사고를 그대로 드러낸다. 남성들과 빔보가 아닌 여성들은 빔보는 멍청하다고 생각하기 때문에 우월감을 느낀다. 표독스러운 요부(다음에 나오는 팜므 파탈 참고)와 달리

---

* 1987년 당시 유력한 민주당 대선 후보였던 게리 하트는 모델 도나 라이스와의 스캔들로 낙마했다. 1980년대 미국 기독교에서 가장 영향력 있는 목사였던 짐 베이커는 비서였던 제시카 한과의 성추문으로 몰락의 길을 걸었다. 1992년, 나이트클럽 가수 출신인 제니퍼 플라워스는 12년 동안 빌 클린턴과 관계를 유지해 왔다고 주장했다.

요람에서 무덤까지 여자들을 따라다니는 고정관념들

"빌의 빔보들"

언론은 빌 클린턴의 계속되는 섹스 스캔들의
주인공들을 가리켜 이렇게 표현하곤 했다.
그리고 힐러리 클린턴은 늘 이런 여성들과 외모로 비교당했다.

빔보는 쉬운 상대일 뿐만 아니라 보통은 모욕의 대상이다.

빔보는 남자라면 누구나 한번쯤 사귀어 보고 싶은 여자지만, 빔보라는 말을 듣고 기뻐할 여자는 없다. 자신이 빔보임을 흔쾌히 인정할 여배우는 찾기 힘들지만, 영화나 텔레비전에서 빔보를 연기하는 여성들은 쉽게 찾아볼 수 있다. 이는 성숙하고 지적인 여자 배역이 극히 드물어 여배우들에게 선택의 여지가 거의 없기 때문이다. 그래서 파멜라 앤더슨 같은 여배우들은 예쁜 척, 멍청한 척 빔보 같은 특성을 부풀려 연기하며 쉽게 돈을 긁어모은다.

여자들 사이에서 빔보를 끼고 다니는 남자(빔보 사냥개Bimbo Hound)들은 똑똑한 여성을 두려워하고 '진정한 관계'를 맺지 못하는 천박한 남자들로 여겨지지만, 남자들 사이에서는 "끼고 다닐 인형"arm candy을 낚는 데 성공한 남성으로 부러움의 대상이 된다.

이런 빔보 애인은 절대 살이 찌거나 나이 든 티가 나서는 안 된다. 또 질문을 해서도 안 되며, 남자가 원할 때는 항상 섹스할 준비가 돼 있어야 하고, 말이 많아서도 안 된다. 만약 기혼자인 그가 아내에게 꼬리를 잡혔다거나, 애인이었던 그녀를 차버리면, 그제야 그녀는 자신에게 덧씌워진 고정관념에서 벗어날 기회를 잡게 된다. 그의 사생활에 대한 책을 쓰거나, 순회강연으로 큰돈을 벌어, 실은 자신이 '멍청한 금발'이 아니었음을 증명하는 것이다.

요람에서 무덤까지 여자들을 따라다니는 고정관념들

금발녀 농담 가운데 우리도 두 손 두 발 다 든 게 하나 있어 소개한다. 다만, 이것은 일종의 페미니트스적 금발녀 농담이니 잘 들어 주시길.

한 맹인 남성이 술집에서 술을 한 잔 시키고는 바텐더에게 이렇게 말했다. "이봐, 금발녀 농담 하나 들어보려나?" 그러자 순간 술집에는 정적이 감돌았다.
그때 옆에 앉아 있던 여자가 허스키하고 낮은 목소리로 이렇게 말했다. "그 농담을 하기 전에 형씨가 알아 둬야 할 사실이 있어. 여기 바텐더도 금발 여자고, 문지기도 금발 여자고, 난 180센티미터에 90킬로그램 나가는 가라데 검은띠야. 내 옆에 있는 이 금발 언니는 역도 선수고 당신 오른쪽에 앉은 언니도 금발인데 프로레슬링 선수지. 그러니까 잘 생각해 보라고. 당신 진짜로 그 농담 하고 싶어?" 그는 잠깐 생각하더니 이렇게 말했다.

"아뇨, 제가 다섯 번이나 일일이 해명해야 된다면 안 하는 게 좋겠네요."

팜므 파탈

/ 요부 뱀파이어

팜므 파탈은 호시탐탐 남자를 유혹해 파멸에 이르게 할
준비가 된 사악하고 음탕한 여자를 말한다. 그녀는 때로는
금전적 이득을 위해, 때로는 단지 스릴을 위해 남자를
유혹한다. 남자들은 거부할 수 없는 치명적 매력을 지닌 팜므
파탈의 사악한 손아귀 안에서 무력한 먹잇감으로 전락한다.
그러나 역사나 문화가 말하는 것처럼 우리 주변에 정말 이렇게
사악한 여자들이 넘쳐 난다면 아직까지 남자들이 멸종하지
않았다는 사실이 놀라울 뿐이다.

역사적으로 팜므 파탈은 거의가 사실이 아니라 픽션을 통해
슬금슬금 우리 곁에 스며들었다. 대부분의 팜므 파탈들은
남자의 성욕은 통제될 수 없으며, 만약 그 때문에 무슨
문제가 생겼다면, 이는 필시 다른 누군가(여성, 팜므 파탈)의
잘못임에 틀림없다고 생각한 남자들이 상상 속에서 만들어

존 콜리어, 〈릴리스〉(1887)

낸 창조물이다. 이런 남자들은 또한 많은 팜므 파탈들이 저 어딘가에 존재하며 남자를 파멸시키기만을 기다리고 있다고 주장한다. 그 결과 팜므 파탈들은 예술, 영화, 연극, 문학, 신화 등등 어디든 존재할 수 있게 되었다. 팜므 파탈 없이는 범죄 영화도 못 만들 정도로 말이다.

이런 사악한 여자들의 대표는 다음과 같다. 태초에 인류 전체를 낙원에서 몰아낸 이브가 있었고, 이후에는 삼손을 유혹해 머리털을 자르는 것만으로 약골로 만들어 버린 데릴라가 있었다. 물론 왕 앞에서 일곱 베일의 춤을 추고 그 대가로 사도 요한의 목을 요구해 은쟁반을 장식한 살로메도 잊어선 안 될 것이다.

그리스신화에서는 아름다운 선율로 선원들을 유혹해 죽음에 이르게 한 사이렌이 있다. 마녀 키르케는 오디세우스의 병사들을 돼지로 변신시켰다. 트로이의 미녀 헬레네는 1천 석의 배를 출항시켜 트로이전쟁의 막을 올렸다. 이 여자들이 자신들의 성적 매력만으로 한 일을 보라! 이런 기술이라면 우리 여자들이 몇 세기 전에 이미 세상을 지배했어야 할 것이다!

혹자는 팜므 파탈들이 현실 속에 분명히 존재한다고 주장할 수도 있다. 그러나 팜므 파탈들의 파괴적 충동은 문학작품 속에서 지나치게 과장된 경우가 많다. 한 예로 이집트 여왕 클레오파트라를 생각해 보자. 그녀는 남자를 유혹하는 데 천재적 능력을 지닌 요부였던 걸까, 아니면 이집트의 관습대로

나는 요부 뱀파이어랍니다

(1930년대 독일 카바레에서 부르던 노래)

내 침대는 퐁파두르 후작부인(루이 15세의 애첩) 거랍니다.

나는 룰루*처럼 빨간 머리를 가졌죠.

나는 살로메처럼 춤추고

내 세례 요한들에게는 모두 똑같이 해주죠.

난 마타 하리의 드레스를 입고

마리 앙투아네트의 반지를 껴요.

이 코르셋은 가장 아름다운 헬레네가

트로이 축제 때 입었던 것이랍니다.

난 보르지아 가의 독약이자 / 잔 다르크 같은 마녀랍니다.

난 뒤바리 부인(루이 15세의 마지막 후궁)의 스타킹을 신고

장난삼아 관에서 목욕을 하지요.

나는 뱀파이어, 나는 요부예요.

반은 여자, 반은 짐승.

남자를 물면 죽을 때까지 피를 빨아요.

그리고 시체로 파이를 굽지요.

나는 뱀파이어, 나는 요부예요.

내가 유일하게 할 줄 아는 일이죠.

나는 누구처럼 온순한 여자가 아니예요.

안 돼 안 돼.

정열은 나를 덮쳐 / 내 몸을 뜨겁게 달궈요.

난 정말 동물원에 갇혀야 해.

* 알반 베르크 작곡의 독일 오페라 〈룰루〉에 등장하는 여주인공. 극에서 수많은 남자들과 염문을 뿌리며 남자들을 자살에 이르게 하는 요부로 묘사된다. 결국은 성매매 여성이 되어 연쇄살인마 잭 더 리퍼에게 살해당한다.

정치권력을 획득하는 데 자신의 성생활을 이용한, 영민하지만 비극적인 지도자였을 뿐일까? 전통에 따라 남동생과 결혼해 왕권을 넘기라는 요구를 받은 클레오파트라는 줄리어스 시저를 유혹해 왕관을 되찾았다. 그리고 그 과정에서 시저는 암살당했다. 다시 둘째 남동생과 결혼할 것을 종용받은 클레오파트라는 이번에는 로마 장군 안토니우스를 유혹해 그의 군대가 자신의 왕위를 보호하게 만들었다. 그러나 또다시 클레오파트라와 안토니우스는 로마의 반대파들과 전쟁을 치르게 된다. 이후 클레오파트라가 죽었다고 생각한 안토니우스는 자살하고, 클레오파트라 역시 전쟁 포로가 되지 않기 위해 자살했다. 클레오파트라는 알려진 것과는 달리 승승장구한 팜므 파탈과는 거리가 멀었다.

좀 더 현대로 와서 살펴보면, 19세기 회화와 문학은 온통 남자를 조종하는 사악한 팜므 파탈들과 희생자 남성의 이미지로 점철되어 있다. 1897년 필립 번 존스Philip Burne-Jones는 그를 차버리고 다른 남자와 결혼한 여배우에게 복수하기 위해 〈뱀파이어〉라는 제목의 그림을 그렸다. 그의 사촌이자 시인인 러디어드 키플링Rudyard Kipling 역시 사촌을 차버린 여배우를 포함해 남자를 퇴짜 놓은 모든 여자들의 사악함에 대해 동명의 시를 썼다. 단지 여자가 자신의 요구에 응하지 않는다는 이유로 피를 빠는 뱀파이어로 매도해 버리는 이 얼마나 끈끈한 가족애인가! 나중에 이 시를 바탕으로 연극이 만들어졌고,

에드바르드 뭉크의 1895년 석판화(위)는
요부 뱀파이어의 섹슈얼리티에 대한
그의 두려움을 잘 보여 준다.

〈한 멍청이가 있었다〉A Fool There Was (1915)라는 초기 무성영화도
만들어졌다. 이 영화는 '뱀파이어'Vampire의 줄임말인 '뱀프'Vamp,
즉 요부 뱀파이어 캐릭터를 대유행시켰고, 여배우 테다
바라Theda Bara를 스타로 만들었다. 이후 초기 무성영화들에서
그녀는 계속해서 요부 뱀파이어 캐릭터를 연기했다.

〈한 멍청이가 있었다〉에서 테다 바라는 남자를 파멸로 이끌
때마다 자신의 벨트에 표식을 남기는 팜므 파탈을 연기했다.
그녀는 주로 존경받는 사교계 인사나, 정숙하고 고결한 아내를
둔 행복한 남편, 어여쁜 딸을 둔 사랑받는 아버지를 먹잇감으로
삼았다. 바라의 유혹에 넘어가 자신의 욕망을 제어할 수 없게
된 남자들은 처자식을 버리고 세상 끝까지 바라를 노예처럼
따라다니다 자신의 모습마저 잃어버리게 된다. 영화는 남자를
불쌍한 희생자로, 바라를 초현실적인 마녀로 그리고 있다.

〈한 멍청이가 있었다〉는 지극히 빅토리아 시대적인
감상주의를 보여 준다. 결혼, 모성, 가족은 성스러운 것으로,
여성의 섹슈얼리티는 기만적이고 사악한 것으로 그린다.
영화는 단란한 가정이라는 가치를 외면할 경우 바로 방탕의
늪에 빠져 천벌을 받게 될 것이라는 메시지를 전달한다.

그러나 요부 뱀파이어 바라가 승리하고 윤리 체계가
실패하는 〈한 멍청이가 있었다〉의 결말은 20세기 초 문화
전쟁이 맹위를 떨치던 사회의 불안감을 반영한다. 당시
관습에 따르면 여성들이 있어야 할 자리는 남편과 가족이

요람에서 무덤까지 여자들을 따라다니는 고정관념들

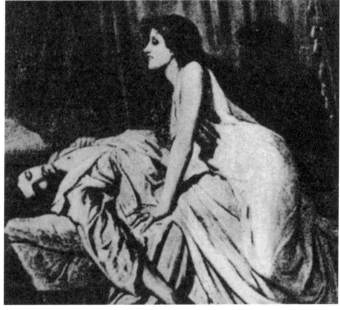

영화 〈한 멍청이가 있었다〉(1915)(위)는 필립 번 존스의 그림 〈뱀파이어〉(1897)(아래)를 기반으로 한 것이었다. 영화에서 뱀파이어 캐릭터를 연기한 테다 바라는 이 고정관념에 너무 시달린 나머지 다음과 같은 말을 남겼다.

"아, 제발, 저를 뱀파이어라고 부르지 마세요. 저도 착하고 사랑스러운 인간 여자를 연기하고 싶다고요. 그런 역할 좀 써줄 사람 없나요?"

요조숙녀는 어떻게 요부로 탈바꿈하는가

초기 영화사들은 특정 배우에 맞는 영화용 페르소나를 만들어
놓고는 배우가 24시간 그 캐릭터를 연기해 주기를 바랐다. 테오도시아
굿맨이라는 본명의 테다 바라는 작가이자 감독이었던 찰스 브래빈과
결혼해 평생 해로했다. 그러나 그녀는 공식적으로는 영화사가
요구하는 요부로 판타지를 충족시켜야 했고 자신의 사생활에 대해
한마디도 할 수 없었다. 그녀에게는 고정된 배역만 주어졌고 〈악마의
딸〉The Devil's Daughter, 〈원죄〉Sin, 〈뱀〉The Serpent, 〈갤리선의 노예〉The
Galley Slave, 〈파멸〉Destruction, 〈황금과 여자〉Gold and the Woman, 〈영원의
사포〉The Eternal Sappho, 〈빅센〉The Vixen, 〈타이거 우먼〉The Tiger Woman,
〈클레오파트라〉Cleopatra, 〈살로메〉Salome, 〈여자가 죄를 범할 때〉When
a Woman Sins, 〈악녀〉The She-Devil, 〈세이렌의 노래〉Siren's Song, 〈마담
미스터리〉Madame Mystery 같은 영화에 출현했다. 더 열거할 필요가
있을까? 결국 그녀는 이런 고정관념에 좌절감을 느꼈다.
5년간 40편의 영화에 출현한 뒤 그녀의 경력은
거기서 끝나 버렸다.

제가 연기한 뱀파이어는 여성을 착취해 온
이들에게 스스로 복수를 감행하는 여성입니다.
겉으로 보기엔 뱀파이어의 얼굴을 하고 있지만,
속에는 페미니스트의 심장을 갖고 있는 거죠.
—테다 바라, 스미코 히가시가 쓴 『처녀, 요부, 그리고 플래퍼』 중에서

이 남자가 내게 한 것처럼 모든 남자들에게 되갚아 줄 테다.
내 심장은 얼음과 같고 내 정열은 타오르는 불과 같으니,
남자들이여 두려워할지어다.

— 테다 바라, 〈악마의 딸〉 중에서

있는 가정이었지만, 여성 참정권자들은 거리에서 투쟁 중이었고, 투표권을 획득하려는 찰나에 있었다. 또 미국에서는 플래퍼〔소위 '신여성'〕들이 여성들에게 코르셋을 벗어던지고 치맛단을 올리라고 말할 만반의 태세를 갖추고 있었다(이 책, 214쪽 참조). 신기하게도 사회적 갈등의 극단에 서 있던 두 그룹은 각각 자신들이 원하는 것을 요부 뱀파이어 캐릭터에서 찾았다. 전통주의자들은 영화를 보며 남자 잡아먹는 사악한 신여성들에게 야유와 조소를 퍼부을 수 있었고, 모더니스트들은 수세기 동안 이어져 온 남성 지배에 대한 그녀의 통쾌한 복수에 열광할 수 있었던 것이다.

이런 요부 뱀파이어 캐릭터는 곧 유행에 뒤처졌지만, 애초에 요부 뱀파이어가 가지고 있던 핵심 요소는 시대가 바뀌어도 모습을 바꾸며 살아남았다. 폴라 네그리와 안나 메이 웡, 마를렌 디트리히, 그레타 가르보, 베티 데이비스, 조앤 크로포드 등이 테다 바라의 뒤를 이었다.

이후에는 카트린느 드뇌브와 수전 서랜든이 〈악마의 키스〉The Hunger(1983)에서 레즈비언 요부 뱀파이어를 연기했고, 샤론 스톤은 〈원초적 본능〉Basic Instinct(1992)에서 요부 이미지에 양성애를 더했다. B급 영화들은 특히 요부 뱀파이어나 레즈비언 뱀파이어 이미지를 적극적으로 차용했다. 〔자메이카 출신의 가수이자 배우〕 그레이스 존스는 〈뱀프〉Vamp(1988)에서 뱀파이어 카트리나를 연기했고, 동시에 〈키스 자국〉Love

요람에서 무덤까지 여자들을 따라다니는 고정관념들

할리우드에는 윙이 있었다

안나 메이 윙은 아시아계로서는 최초로 은막의 스타가 된 여성이었다.
그녀는 이국적인 아시아 요부 역할을 맡았다.
윙은 괜찮은 아시아인 역할은 백인 여배우들에게만 맡겨진다는
사실을 깨닫고는 1920년대 중반 할리우드를 떠나 유럽으로 갔다.

Bites이라는 앨범을 발매했다.

1987년 글렌 클로스는 〈위험한 정사〉Fatal Attraction에서 새로운
요부 캐릭터를 연기했다. 요부 뱀파이어 바라가 승리하며
끝나는 최초의 이야기와 달리 〈위험한 정사〉는 악녀 클로스와
뱃속의 아기가 정숙한 아내에 의해 욕조에서 죽음을 맞이하는
것으로 끝이 나는데, 관객들은 이런 결말에 환호했다.

팜므 파탈이라는 고정관념은 여성이 성적 권력 이외에 다른
권력을 가질 수 있음을 부정한다. 이는 또한 여자들을 적대적
관계에 몰아넣는데, 요부는 언제 다른 여자의 남자에게 눈독을
들일지 모르고 남자들은 이에 저항할 수 없을 것이기 때문이다.

요부 고정관념을 비튼 연기자들

1950년대 코러스걸 마일라 누르미Maila Nurmi는
섹시함을 과장한 여자 뱀파이어 '뱀피라'Vampira로
분장한 채 할로윈 파티에 등장하곤 했다. 이를
통해 그녀는 〈뱀피라 쇼〉라는 심야 호러 영화
쇼 아나운서로서 출현할 기회를 얻었다. 누르미는
운전기사를 대동해 패커드 차를 몰고 LA 인근을
누비며 교차로에서 소름끼치는 비명을 질러 대는 등

무대 밖에서도 익살스러운 생활을 이어 갔다. 1980년대에 아름다운
라스베가스 쇼걸 카산드라 피터슨Cassandra Peterson은 영화
〈어둠의 정부〉Mistress of the Dark에서 절반은 뱀파이어,
절반은 돈만 밝히는 여성 캐릭터인 컬트 여신
엘비라로 변신했다. 그녀는 호러쇼의 사회를
보고 쿠어스 맥주 광고 같은 데 출연하면서
LA 테마파크의 고정 캐릭터가 되었고,
텔레비전 특집 프로그램의 사회를 보는 등의
활동을 펼치다 마침내 1992년 대통령 후보
출마 선언을 하는 데까지 이르렀다. "유권자들이
계속 얼간이들만 뽑고 있는데, 저라고 못할 것 없지요"라고 그녀는
말했다. 이후 뱀피렐라라는 만화 캐릭터까지 탄생하는데, 만화에서
뱀피렐라는 지구의 식습관에 적응하지 못하는
외계에서 온 귀여운 뱀파이어로 나온다.
칼로리를 계산하며 다이어트를 위해
식욕을 억누르는 인간들처럼 뱀피렐라는
피에 대한 자신의 욕구를 억누르며 아주
간절할 때만 인간을 죽이는데, 그때마다
깊이 후회하는 인물로 그려진다.

잡년 / 남자 기죽이는 여자

당신은 잡년이나 남자 기죽이는 여자라는 소리를 듣는
여자를 보면 어떤 이미지가 떠오르는가? 자기 생각을 표현하는
것을 두려워하지 않으며, 허튼 짓에 대해 적당히 넘기는 법이
없고, 허튼소리도 절대 용납하지 않는, 강하고 공격적인 여성.
그렇게 나쁜 성격은 아닌 것 같다. 그렇다면 왜 남자들은
그토록 잡년을 두려워하는 걸까? 왜 어떤 여자들은 잡년이라
불리는 것을 불쾌하게 생각할까? 여자가 다른 여자를 잡년이라
부르는 건 괜찮은 걸까? 스스로를 잡년이라 하는 여자들은
무슨 생각일까? 지금부터 잡년에 대한 고정관념과 잡년을
추종하기 시작한 나쁜 여자들의 문화를 살펴보자.

영어에서 '잡년'은 오랜 역사를 가진 속어다. 1000년경
중세 영어에서 'bitch'는 암캐를 의미했고 지금도 이런 의미를
갖고 있다. 그러나 1600년경부터 이는 충직하고, 이타적이며,

남자가 자기 의견을 내세우면 남자다운 게 되고,
여자가 자기 의견을 내세우면 잡년이 된다.

─ 베티 데이비스

잡년 권익 운동의 일부분인 『잡년』 표지들.

지독하게 가정적인 암캐와는 반대로 뻔뻔하고, 무례하며, 이기적이고, 음탕한 여자를 가리키는 말로 사용되기 시작했다. 현대 영어에서 잡년은 제어 가능한 동물(예를 들어, 암캐, 매춘부)과 제어 불가능한 동물(예를 들어, 제멋대로 구는 여자) 사이를 오가며 지난 몇 년 사이 굉장히 많은 것들을 의미하게 되었다.

미국인들이 '잡년'이라는 말을 얼마나 즐겨 사용하는지 한 번 헤아려 보자. "잡년 만났네"There's bitch(난관에 부딪혔을 때), "잡년 같은 소리 하네"to bitch(불평할 때), "잡년 됐네"to bitch up(일을 망쳤을 때), "잡년 되게 만드네"to bitch off(화가 날 때), "잡년스러운"bitchy(독기를 품었다는 의미), "bitching"(폭력적이고 성질이 더럽다는 의미), "bitchin' n' twichin"(멋지다는 의미). 그 밖에 합성어도 있다. "Stone Bitch"(석녀), "bitch party"(여자들의 다과회), "bitch booby"(시골 소녀), "bitch's wine"(샴페인), "bitch session"(고충 토로 모임), "Rich Bitch"(돈 많고 까다로운 여자), "the Bitch Goddess"(역사 속에서 성공하거나 권력을 가진 여자), "a Bitch in Heat"(짜증이 많고 충동적이며 성적으로 적극적인 여자). 그리고 마지막으로 욕설의 끝판왕, 상대방의 어머니를 비하함으로써 힘을 얻는 말, "잡년〔암캐〕새끼"the Son of a Bitch가 있다(이 책 96-97쪽을 참조하라).

'잡년'이란 말을 어디까지 용인해 줄 수 있느냐는 정말 논쟁적이다. 한 저명한 언어학자는 이 용어가 너무 모욕적이라 암캐를 가리키는 말로도 쓰지 말아야 한다고 주장할 정도다! 반면 최근의 대중문화는 '잡년'이라는 말을 아무렇게나 막

요람에서 무덤까지 여자들을 따라다니는 고정관념들

창녀와 잡년의 차이

창녀는
모든 남자와
자는 여자,
잡년은
나만 빼고
모든 남자와
자는 여자

—인터넷 유머

사용하는 경향을 보인다. 이제 '잡년'이라는 말은 까다로운
여자들뿐만 아니라 그냥 모든 여자들, 때로는 경멸당해도
싼 남자들까지도 아우르는 말이 되었다. BBC 방송위원회는
'잡년'이 현대에 와서는 딱히 모욕적인 의미로 쓰이기보다는
일반 여성을 지칭하는 의미로 사용된다는 사실에 기반해
엘리자베스 여왕을 방송에서 '잡년'이라고 부른 코미디언을
처벌하지 않기로 결정했다. 하지만 1995년, 미국 남성과
여성을 대상으로 한 설문조사에서는 남자가 모르는 여자를
가리켜 잡년이라고 부르는 것은 '매우 부적절하다'라는 응답이
93퍼센트에 이르렀다. (아니 그러면 '아는 여자'는 괜찮다는 뜻일까?)
하지만 같은 해 또 다른 설문 조사에서는 다른 결과가 나왔다.
공화당 하원의원 뉴트 깅리치가 힐러리 클린턴을 가리켜
잡년이라고 부른 데 대해 사과해야 한다고 답했던 응답자는
절반도 되지 않았던 것이다. 우리는 대체 어느 장단에 맞춰
춤을 춰야 한단 말인가?

분명한 것은 '잡년'은 과도기에 있는 고정관념이라는
사실이다. 스스로를 표현함에 있어 전혀 주저함이 없는
잡년들의 문화가 부흥하는 광경을 우리는 어디서나 목격할
수 있다. 심지어 '잡년'이라는 잡지를 비롯해 잡년 권익
운동과 관련한 출판 산업이 성업 중이다. 만약 세상이 야심
찬 여성, 거침없는 여성, 내 섹슈얼리티의 주인은 나라고
말하는 여성을 잡년이라 부른다면, 기꺼이 잡년임을 인정하고

나는 강하고 야심도 크고, 내가
원하는 바도 확실히 알고 있다.
그래서 내가 잡년이 되는 거라면,
그것도 괜찮다.

— 마돈나

나는 열심히 일하는 잡년이다.

— 나오미 캠벨

자랑스러워하지 않을 이유가 뭐가 있겠는가? 만약 우리 스스로가 '잡년'임을 자처한다면, 그 말은 비하의 의미가 될 수 없다. 우리는 이렇게 말할 것이다. "만국의 잡년들이여, 단결하라." 강인해져라, 그리고 자신이 원하는 바를 성취하는 진짜 잡년이 되라. 그러나 다른 누군가가 당신을 잡년이라 부른다면 가만 두지 말라!

요람에서 무덤까지 여자들을 따라다니는 고정관념들

우리 사회는 무엇에든 성공한 여성을 잡년이라고 부른다.
힐러리 클린턴? 잡년이다. 글로리아 스타이넘? 잡년이다.
바브라 스트라이샌드? 잡년이다. 그 목록은 끝이 없다. …
피할 수 없다면, 기꺼이 받아들이는 게 어떨까?

— 엘리자베스 힐츠, 『착한 여자 콤플렉스 벗어나기』

2016년 3월 민주당 전당대회에서 연설 중인 힐러리 로댐 클린턴

잡스러움이 우리를 해방케 하리라!

오늘 우리는 '자유롭게 입을 권리'뿐 아니라
성범죄의 두려움 없이 당당하게 살아갈 권리를 외친다.
무슨 옷을 입든, 어떤 성 정체성을 가졌든,
모두 하나가 되어 당당하게 외치고 걸을 것이다!

— 2011년 "잡년행진 선언문" 중에서

스키니 진을 입었다는 이유로 강간죄가 성립되지 않는다는 판결을
내린 판사, 성추행 가해자는 고용 승계하고 피해 여성 노동자는 해고
한 사건, 고대 의대 집단 성추행 사건까지, 우리가 분노해야 할 이유
는 이미 충분하다. 언제까지 남성의 시선에 소비당할지도 모른다는
두려움에 갇혀 인내하며 살아가야 하는가!

— 2012년 "잡년행진 선언문" 중에서

2011년 7월 16일, 광화문에 모여든 2백여 명의 여성들의 환호
속에 "잡년행진 선언문"이 울려 퍼졌다. 스스로를 '잡년'이라 칭한
그녀들은 왜 거리로 나왔을까? '성범죄의 두려움 없이 살고 싶다'
라는 어찌 보면 소박한 소망을 밝히기 위해 그녀들은 왜 잡년이 되

어야 했나?

/ 세계의 잡년들이여, 궐기하라!

잡년행진은 캐나다에서 시작돼 전 세계로 확산된 여성들의 시위 '슬럿워크'Slutwalk의 한국판 버전이다. '헤픈 여자'를 뜻하는 '슬럿'은 원래 정숙한 여성, 보호할 가치가 있는 여성의 반대말로 성적 쾌락을 즐기거나 성적으로 분방한 여성을 비하하는 맥락에서 쓰여 왔지만, 슬럿워크는 여성들 스스로가 이 같은 이중적인 굴레를 벗어던지고 스스로를 '슬럿'이라 칭한 것에서 비롯됐다(이 책에서는 bitch를 '잡년'으로 옮겼고, 슬럿은 이와 구분해 '걸레'로 옮겼다). 캐나다를 시작으로 뉴욕, 보스턴, 샌프란시스코, 시드니, 밴쿠버에서부터 멀게는 홍콩, 델리, 서울까지 폭발적으로 전개된 슬럿워크는 한 캐나다 경찰관의 부적절한 한 마디에서 촉발됐다. 2011년 1월, 토론토 경찰관 마이클 생귀네티가 요크 대학 학생들에게 학내 안전에 대해 강의하던 중 이런 코멘트를 남긴 것이다.

"여자들은 피해자가 되고 싶지 않으면 걸레slut처럼 옷을 입으면 안 되겠죠."

생귀네티의 언행에 문제의식을 느낀 학생들이 이를 학교신문에 기사화했고, 헤더 자비스Heather Jarvis와 소냐 바넷Sonya Barnett은 대중적 반응을 이끌어 내기 위해 페이스북과 트위터에 기사를 공유했다. 반응은 폭발적이었다. 수많은 여자들이 토론토 경찰의 성차별적이고 무지한 행동에 분노했고 온라인에서 시작된 논의는 2천여 명의 '걸레들'이 경찰서 앞에서 벌이는 시위로 이어졌다.

'야한 옷을 입은 여자에게 성범죄의 책임이 있다'라는 주장은 사실 오랫동안 이어져 온 헛소리로 전혀 새롭다거나 충격적이지 않다. 그렇다면 이 고리타분한 주장이 어떻게 전 세계적인 슬럿워크를 가능하게 했을까? 피해자에게 책임을 돌리는 사회에 진저리가 난 여자들, '시대가 변했다'라고 자위하던 이들 모두 갑자기 변하지 않은 현실을 깨닫기라도 한 것일까?

/ 잡스러움의 정치성, 고정관념 비틀기

슬럿워크를 연구해 온 케이틀린 멘데스Kaitlynn Mendes는 슬럿워크가 전 세계적으로 흥행할 수 있었던 핵심 배경으로 강간 문화rape culture를 꼽는다. 슬럿워크는 인종과 계급, 피부색과 문화로 갈라졌던 다양한 여성들을 한목소리로 다시 뭉치게 만들었다. 여전히 성별 권력 안에서 작동하는 성범죄와 피해자의 피해를 존중하지 않는 가부장제에 대해 여성들은 함께 분노했다. 어째서 여자들의 삶이란 이다지도 똑같단 말인가!

한국의 잡년행진 역시 비슷한 정서를 공유한다. 2011년 당시 고려대 의대 남학생들이 같은 과 여학생을 성추행한 사건이 발생했고, 가해자들은 여론전을 펼치며 피해자의 행실을 문제시한 글을 학내에 공유했다. 인터넷에서도 피해자의 옷차림을 문제시하거나 여자 혼자 남자들과 여행을 갔다는 것을 문제 삼는 글들이 떠돌았다. 이에 몇몇 여성들이 고려대 앞에서 1인 시위를 시작했고, 이들이 트위터상에서 시위를 계획하면서 7월 16일, 잡년행진이 시작됐다.

직접적인 발화점은 고려대 의대 성폭력 사건이었지만, 실은 2004년 "여자들이 함부로 몸을 놀리는 일이 없기를 바란다"던 유영철 사건, 2007년 국회의원 최연희의 성추행 사건, 그리고 2009

년 장자연 씨의 비극적 죽음에 이르기까지, 우리 사회에 만연한 강간과 성폭력 문화가 젊은 여성들로 하여금 누구나 피해자가 될 수 있다는 감정을 공유하고 거리로 나오도록 했다.

이렇게 모인 여성들은 대부분이 어떤 조직적 배경을 공유하지 않는, 그야말로 인터넷의 숲에서 자발적으로 모인 사람들이었다. SNS는 슬럿워크 운동에서 두 가지 공을 세웠다. 첫째, 기존의 단체 기반이 아닌 SNS를 통한 다소 느슨하면서도 자유로운 네트워크를 형성하면서 폭넓은 계층을 운동에 끌어들일 수 있었다. 둘째, 여성 혐오 일색이던 사이버 공간에서 여성 네트워크의 가능성을 보여 주었다. 트위터로 리트윗을 반복하며 소통하던 중 '도둑괭이'라는 아이디를 쓰는 한 트위터리안이 총대를 메고 시위를 신고했고 이렇게 모인 사람들은 여성, 남성, 성 소수자, 직장인, 그리고 성 노동자에 이르기까지 각양각색의 정체성을 지닌 모임이 되었다. 진정 '잡'스러운 잡년들의 행진이 된 것이다. 핵심 '잡년'이었던 레드걸은 "시위에 가담한 잡년들의 평균연령은 20대 중반에서 30대 초반이다. 다난했던 연애사부터 성추행당한 경험까지 별별 이야기를 다 나눴지만 서로 이름도 나이도 잘 모른다. 그냥 트위터 별명으로 통한다"라고 당시를 회상했다.

잡년행진의 핵심은 의미를 구성하는 기존 판을 비트는 데 있다. 여성 혐오나 여성 차별의 기저에는 구별의 정치가 자리 잡고 있다. 즉 모든 여성을 한 번에 혐오하기보다는 혐오스러운 여성과 혐오스럽지 않은 여성을 구분하는 것이 훨씬 더 효과적이다. 대부분의 여성들이 혐오스럽지 않은 여성이 되기 위해 노력할 테니까. 하지만 슬럿워크는 이런 허구적인 이분법의 함정을 지적하고, 모두 혐오스러운 여성이 되는 것으로 기존의 판을 깨버렸다. 모두가 헤픈 여자가 되어 버리면, 누가 감히 헤픈 여자를 욕할 수 있겠는가?

잡년행진 기획단에 따르면, '슬럿'을 어떻게 번역할 것인지를 두고 많은 논쟁이 오갔다고 한다. '화냥년'이나 '걸레'로 번역해 비하와 혐오에 저항해야 한다는 사람들도 있었고, 과격한 의미가 오히려 다른 여성들에게 반감을 일으킬 것을 걱정하는 사람들도 있었다. 게릴라걸스가 'bitch'의 의미를 새롭게 전유하자고 제안했던 것처럼, 논쟁의 결과 잡스러움과 성적인 난잡함을 동시에 뜻하는 '잡년'이 채택되었다. 새로운 고정관념이 만들어진 순간이었다.

'나도 언젠가 피해자가 될 수 있다'라는 개인에 가해진 위협을 '더 이상 또 다른 피해자가 나와서는 안 된다'라는 자매애적 연대의식으로 발전시킨 잡년들. 그녀들 덕분에 이제 생귀네티 경찰관은 입을 열기 전에 한 번쯤 더 '생각'이란 걸 하게 됐을까?

참고문헌

https://slutwalkkorea.wordpress.com
잡년행동 까페 http//cafe.daum.net/slutwalkkorea
레드걸, 2011, "유쾌한 여성혁명 '잡년행진', 마초천국을 뒤흔들다: 아시아 대륙 최초, 잡년이 너희를 자유롭게 하리라!" 『여/성이론』 25호.
Mendes, Kaitlynn, 2015, *Slutwalk: Feminism, Activism, and Media*, Palgrave Macmillan.
김현진, "'슬럿워크' 운동에 대하여" 『한겨레』(2011/07/21).
이유진, "'슬럿워크 시위' 국내도 상륙한다" 『세계일보』(2011/06/26).
이지원, "잡년행동, 이번에는 난장이다" 『여성신문』(2011/09/19).
김희선, "페미니즘이 SNS와 만났을 때" 『여성신문』(2011/07/22)
이샛별, "인도에서도 열린 '슬럿워크'" 『여성신문』(2011/08/01).

고정관념의 끝판왕,
엄마

다 큰 남자를 단번에 울릴 수 있는 사람은 누구일까? 바로 그의 엄마다. 다 큰 남자를 겁에 질린 젖먹이로 만들어 버릴 수 있는 사람은? 그것도 그의 엄마다. 성모 마리아나 마더 테레사같이 선하기 그지없는 엄마들이 있는가 하면, 메두사나 리비아 소프라노*처럼 공포스럽기 그지없는 엄마들도 있다.

온갖 종류의 엄마가 있는 만큼 엄마와 관련된 고정관념도 많다. 몇 가지만 예를 들어보자. 성모, 자식을 숨막히게 하는 엄마, 조종하는 엄마, 극성맞은 엄마, 쪼는 엄마, 이만하면 괜찮은 엄마good enough mom**, 슈퍼맘, 대자연 어머니, 고생하는 어머니, [엄격한 훈육을 하지 않는] 맨발의 엄마barefoot mother, [소원을 들어주는] 요정 대모fairy godmother, 엄마 닭Mother Hen***, 정부

---

* 미국 드라마 〈소프라노스〉의 주인공 토니의 노모. 자녀에 대한 사랑은 전혀 찾아볼 수 없는 악녀로 등장해 아들을 비롯한 주변 인물들을 괴롭힌다.

보조금으로 먹고사는 엄마, 시어머니, 싱글맘, 사커 맘(292-293쪽 참조), 그리고 스테이지 맘(294-297쪽 참조) 등등.

많은 문화에서 누군가의 엄마를 모욕한다는 것은 그 사람과 전쟁을 선포하는 것과 같은 뜻이다(96-97쪽 참조). 미국에는 심지어 '니 엄마가 하도 못생겨서…'로 시작하는 농담 따먹기식 비하 게임도 있다.****

하지만 어머니는 대자연, 모함母艦, 식민지 모국, 발명의 어머니, 모든 전쟁의 어머니 격인 전쟁Mother of All Battles*****, 모국어, 모국, 마더 로드(광물이 풍부한 주맥), 마더보드, 마더 처치(교구에서 가장 오래된 본당), 마더 수페리어(수녀원장) 등등 중요한 것들을 은유하기 위해 사용되기도 한다. 드랙퀸 집단의 멘토도 종종 '어머니'라 불린다.

** '충분히 좋은 엄마'로도 알려진 이 개념은 정신분석가이자 소아과의사인 도널드 위니컷의 대상관계 이론에서 나온 개념으로 아이를 크게 간섭하거나 통제하지 않으면서 적절한 돌봄을 제공할 줄 아는 엄마를 말한다. 위니컷은 "아이의 성장에는 완벽한 엄마보다는 평범한 정도로 좋은 엄마, 즉 아이가 좌절과 상실을 경험할 때 이를 보듬어 주는 엄마가 더 좋다"라고 주장했다. 그에 따르면, 아이는 이런 좌절과 상실로부터 자신이 타인으로부터 독립적 존재라는 점을 배운다.

*** 타인을 돌보기 좋아하는, 엄마 역을 즐기는 여자를 가리키는 말.

**** 다양한 방법으로 어머니를 모욕하며 상대를 도발하는 것이 이 게임의 목적이다. 예를 들면, "니 엄마가 너무 못생겨서 은행 보안 직원이 CCTV를 꺼버렸다." "니 엄마가 너무 못생겨서 니네 엄마 출생증명서는 콘돔 회사에서 쓴 사과 편지다." "니네 엄마가 너무 못생겨서 우유 곽에 니 엄마 얼굴을 그렸더니 우유가 상해 버렸다" 등이 있다.

***** 걸프전 때 사담 후세인이 "만약 어떤 군대라도 이라크 땅에 발을 들이는 날엔 모든 전쟁의 어머니격인 전쟁을 경험하게 될 것이다"라고 쓴 후로, 격렬하고 치열한 전쟁을 가리키는 말로 쓰이게 되었다.

요람에서 무덤까지 여자들을 따라다니는 고정관념들

67퍼센트의
미국인들이
매일 엄마와
통화한다.

우리에게 엄마는 애증의 대상이다. 가장 사랑받는 존재이자 가장 증오하는 존재이기도 한 것이다. 엄마에 대해서라면 소파에 누워 몇 년간 수다를 떨어도 부족할 것 같다. 어머니와 관련된 고정관념들은 대개가 큰 히트를 쳤는데, 이는 모성이라는 것이 그만큼 세상에서 가장 중요한 것들 가운데 하나이기 때문일 것이다. 그렇다면 우리는 아버지에 대해 더 많은 고정관념들을 만들어 냄으로써 어머니와 아버지 간의 불균형을 해소할 수도 있을까? 하지만 우리는 부모님과 싸우고 싶은 마음은 추호도 없다. 그분들은 모든 사람을 어리석은 고정관념에 끼워 맞추려 작정한 문화 속에서 아이들을 어엿한 성인으로 길러 내느라 충분히 고생하셨으니까!

야미 마미, 맛있는 엄마!

1980년대 야미 마미Yummy Mummy(맛있는 엄마)라는 어린이용 시리얼 캐릭터가 있었지만 여기서 우리가 이야기하고 싶은 것은 그게 아니다. 우리가 말하는 야미 마미는 제이다 핀켓 스미스나 리즈 위더스푼 같은 여자들이다. 애가 애를 낳은 듯한 엄마들 말이다. 야미 마미는 임신했을 때조차 섹시하다. 이런 여자들은 애를 낳자마자 임신 전에 입던 미니스커트나 비키니를 입을 수 있다. 이들은 하와이풍의 촌스러운 무무 치마나 늘어진 스웨터 따위를 걸친 모습은 절대 보여 주지 않는다. 이런 여자들은 남편과 아이의 뒤치다꺼리 때문에 자기 시간은 전혀 가질 수 없는, 피로에 절어 헝클어진 외모를 한 주부들과는 정반대다. 대체 야미 마미는 어떻게 그럴 수 있는 걸까? 답은 간단하다. 그녀에게는 전일제로 일하는 입주 유모와 개인 트레이너, 그리고 어마어마한 돈이 있다. 그것 말고는 무슨 수가 있으랴!

우리가 싸울 때 하는 말: 엄마를 들먹이는 18개국의 욕설들

니
터키, 미크로네시아, 아이티

프랑스

에미랑
떡이나
쳐

창녀
새끼

에티오피아, 아르메니아,
불가리아, 미얀마, 수단, 세네갈

니 에미를
떡쳐 주마

엄마랑
미국

붙어먹는 새끼

내가 니 에미 위에서
루마니아
네 똥구멍에다 해주마

니 에미의 ^{중국}
구실도 못하는
냄새나는
성기를 범해
주겠다

암캐
새끼

^{영국}

암퇘지 새끼

이탈리아

니 엄마는 개랑
붙어먹는구나 ^{라오스}

니 엄마 ^{스페인}
젖에다
해버리겠어

니 에미 생리나 먹어라 ^{뉴기니아}

시트콤 맘

그녀는 항상 인내심 많고, 긍정적이며, 마음이 넓다. 아이들도 그녀를 존중한다. 그녀는 결코 목소리를 높이는 법이 없다. 그녀의 존재 의미는 영양가 있는 도시락을 싸고 재치 있는 농담을 던지는 데 있다. 도나 리드, 캐롤 브레디, 플로리다 에번스, 클레어 헉스터블, 데브라 배런 같은 이들이 바로 이런 여자들이다.* 물론 〈애덤스 패밀리〉의 모티샤 애덤스 같이 괴짜 가족을 위한 완벽한 엄마 캐릭터도 있다. 미국 여성들 가운데 전업 주부는 12퍼센트에 불과한 오늘날에도, 텔레비전에 나오는 엄마들은 대개가 전업 주부다. 시트콤 맘의 전형으로는 1957년부터 1963년까지 〈비버에게 맡겨〉Leave it to Beaver에서 바버라 빌링슬리Barbara Billingsley가 연기한 준 클리버(왼쪽 사진)를 들 수 있다. 그녀는 언제나 다정하고 상냥하며 항상 남편의 뜻을 따르고 애가 어떤 사고를 쳐도 큰소리 한 번 내는 법이 없다. 현실의 엄마들은 결점 투성이인데 시트콤 속 엄마들이 이렇게 완벽한 이유는 대체 뭘까?

힌트: 그들에게는 작가가 있다!

---

* 모두 미국 시트콤에 등장하는 엄마 캐릭터들이다. 도나 리드는 1960년대 시트콤 〈도나 리드쇼〉의 중산층 가정의 어머니 캐릭터이고, 캐롤 브레디는 1970년대 시트콤 〈브레디 가족〉의 백인 어머니 캐릭터이다. 플로리다 에번스는 1970년대 시트콤 〈좋은 시절〉의 흑인 어머니 캐릭터, 클레어 헉스터블은 1980년대 시트콤 〈코스비 가족 만세〉에 나오는 뉴욕 브루클린 흑인 가정의 변호사 어머니 캐릭터다. 마지막으로 데브라 배런은 1996년부터 2005년까지 방영된 시트콤 〈모두가 레이먼드를 좋아해〉의 어머니 캐릭터다.

요람에서 무덤까지 여자들을 따라다니는 고정관념들

사악한 계모들

세상에는 자신이 낳은 아이를 학대하는 어머니들도 있지만 우리는
다정하고 상냥한 어머니 외에는 생각하고 싶어 하지 않는다. 그래서
사악한 계모들이 생겨났다. 심리학자 브루노 베텔하임에 따르면, 동화
속의 '사악한 계모'는 아이들이 (친모든 계모든) 엄마에게 느끼는 적의나
공포와 같은 사회적으로 용인되기 힘든 감정의 분출구 역할을 한다.
계모들은 실제로 모두가 사악한 존재였던 걸까, 아니면 그 수많은
동화들 때문에 부당한 비난을 받게 된 걸까? 물론 세상에는
의붓딸의 젊음과 아름다움을 질투하는 계모들도
분명히 있을 것이다. 또 자신이 낳은 아이들을
의붓 아이들보다 더 아끼고 차별하는 계모들도
있을 것이다. 그러나 대부분의 계모들은
좋은 엄마가 되기 위해 노력한다. 계모가
좋은 엄마가 되지 못하게 하는 것은 많은
경우 의붓 자녀들이다. "노력하고 또
노력했지만, 애들이 결국 날 받아들여
주지 않았어요"라고 많은 계모들은
하소연한다.

월트디즈니 사의 〈신데렐라〉에 등장하는
계모 트리메인 부인.

노처녀

미혼녀Unmarried Woman*는 우울하고 외롭고 애처롭고
촌스러운데다 성적으로 억눌려 있다. 아니, 잠깐. 그건 오래전
이야기다. 오늘날 미혼녀는 우울하고 외롭고 애처롭지만
사랑스러운데다 섹시하기까지 하다. 앨리 맥빌이나 브리짓
존스, 〈섹스 앤 더 시티〉에 나오는 여자들처럼 말이다.

미국에서 노처녀를 뜻하는 '올드 메이드'Old Maid는 동명의
어린이용 카드 게임 때문에 유행하게 된 말이다. 영국에서는
'스핀스터'Spinster라는 말이 사용된다. 두 단어 모두 여성
비하적인 의미를 담고 있음에도 불구하고 왜 『인디펜던트』나
『가디언』, 『타임스』 같은 영국의 좌파 성향 언론들조차 비혼
여성을 가리켜 계속 '노처녀'라 하는 걸까? 특히 살인, 강도,

---

* 기존의 고정관념을 다루는 경우엔 '미혼'으로, 그렇지 않은 경우엔 '비혼'으로 옮겼다.

노처녀들은 남자를 비난하고 증오하는 여자들로
남자를 거부하고 대자연의 제1법칙을 거스르는 가여운 존재다.
어떤 진지한 생물학적 혹은 사회적 고찰이 결여된 오합지졸들이다.

—19세기 자기계발서 『근대 여성, 그들을 어떻게 다룰 것인가』

성범죄의 피해자들을 언급할 때 말이다.

왜 여성에게는 남편이 있고 없고를 지적하는 게 그토록 중요한 걸까? 그리고 왜 우리는 노처녀에 대해 그토록 부정적인 이미지를 갖고 있는 걸까? 노처녀야말로 게릴라걸스가 가장 뒤집어엎고 싶은 고정관념 중 하나다.

수세기 동안 가정에서 여자들은 남자의 소유물로 취급되었다. 남편이 없을 경우 여자는 아버지나 남자 형제, 삼촌과 같은 그다음으로 가까운 친족 남성의 책임이 되었다. 그녀는 법적으로 재산을 소유할 수도, 사업을 할 수도, 계약을 맺을 수도, 상속을 받을 수도 없었다. 설상가상으로 신부의 가족은 예비 신랑에게 지참금을 줘야 했다. 평범한 집안에서는 딸 하나를 부잣집에 시집보내려다 없는 살림을 탕진해 버리는 바람에 다른 딸들이 무일푼에 결혼도 못할 신세로 전락하는 경우도 있었다.

이런 시대에 여자의 일생에서 가장 중요한 일은 제대로 된 남편감 — 여자의 외모나 집안 수준이 허락하는 한 가장 경제적으로 부유한 남편감 — 을 찾는 일이란 건 누구라도 쉽게 깨달을 수 있었다. 더군다나 여성은 흐르는 세월과도 싸워야 했다. 젊음과 아름다움을 잃는 순간 퇴물 신세로 전락할 것이기 때문이었다. 여자로서 가장 중요한 사명을 완수하지 못한 노처녀는 친척집이나 수녀원에 감금된 채 살아야 할 운명이었다. 제인 오스틴과 같은 19세기 소설가들의 작품을

외로운 노처녀,

두 노처녀가

전해 준 교훈

강간살인범을
집으로 들이다

피의자, '성적 광란 상태'에서

노처녀 살해 사실을 부인

무명의 기부자의 도움으로 집으로 돌아갈 수 있게 된

노처녀 철거민

노처녀의

비극적 결말

보면 이 시기 여성이 짊어져야 했던 부당함과 공포가 잘
드러난다.*

　노처녀들에게 내려진 또 다른 형벌은 바로 금욕이었다.
최근까지도 사람들은 성매매 여성을 제외한 미혼 여성들은
처녀일 거라 생각했다. 노처녀를 놀릴 거리가 하나 더 늘어난
셈이다! 예수와 성모 마리아, 많은 기독교 성인들의 고결한
금욕 생활은 경외의 대상이지만, 노처녀의 순결은 창피하고
망신스러운 일이 되는 것이다.

　역사적으로 전쟁은 노처녀를 대량생산해 왔다. 결혼할
남자가 없으니 당연히 신부가 될 수도 없었다. 19세기 후반
영국에는 여성 인구가 남성보다 10퍼센트 더 많았다. 미국의
남북전쟁 당시에도 비슷한 성비를 보였다. 당시 미혼 여성들은
남자들을 대신해 공장이나 초등학교, 병원, 직물 공장, 디자인
회사, 광고 회사, 가사 도우미 업체에서 일하기 시작했다.
그들이 직업을 가지고 돈을 벌게 된 후 처음으로 얻게 된
자유를 즐겼음에는 의심할 여지가 없다. 왜냐하면 이 시기 영국

---

* 18세기 후반 영국에서는 여성 참정권 운동의 태동 및 여성 교육의 강조로 글을 읽을 수
있는 여성들의 수가 눈에 띄게 증가했다. 이는 19세기 여성 독자 층의 성장 및 걸출한 여성
작가들의 탄생에 기여했다. 당시 여성의 정숙한 몸가짐을 강조하던 남성 작가들의 작품들
과 달리 연애와 결혼 같은 사적인 영역을 여성의 시선에서 참신하게 다룬 제인 오스틴의
작품들은 영국 문단과 독자들에게 신선한 바람을 몰고 왔다. 이후 『여성의 권리 옹호』의 메
리 울스턴크래프트, 『제인 에어』와 『폭풍의 언덕』을 쓴 브론테 자매, 『미들마치』의 조지 엘
리엇 등이 뒤를 이었다. 19세기 후반 등장한 사라 그랜드 등 '신여성' 작가들은 더욱 급진적
으로 여성 문제를 다루었다.

'노처녀'Old Maid 카드 게임은 모두 서른세 장의 카드를 가지고 노는 게임이다. 카드를 모두 분배하고 나면, 참가자들은 자기가 가진 카드로 될 수 있는 한 많은 쌍을 만들어야 한다. 상대방에게서 카드를 빼내 짝이 없는 노처녀 카드만 빼고 모든 카드가 짝을 만날 때까지 게임은 계속된다. 노처녀 카드를 끝까지 가지고 있는 사람이 게임에서 지고, 노처녀가 된다.

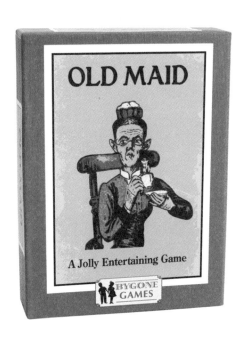

여성의 25~30퍼센트가 독신을 선택했기 때문이다.

교육 역시 비혼을 부추겼다. 교육 받은 여성들의 비율이 높아질수록 결혼을 선택하는 여성의 비율 역시 줄어들었다. 1880년과 1900년 사이 미국 여성들 가운데 10퍼센트가 비혼 여성이었는데, 특히 대학 교육을 받은 여성은 절반이 평생 독신으로 남았다. 이는 그녀들이 학교에서 무언가 새로운 것을 배웠기 때문일까? 아니면 예나 지금이나 남자들이 똑똑한 여자를 좋아하지 않기 때문일까?

19세기 후반에 여성들은 드디어 그들의 임금과 재산권, 상속권, 그리고 이혼할 권리를 쟁취했다. 그러나 여자가 혼자 산다는 건 여전히 만만치 않은 일이었다. 이에 몇몇 중상류층 직장 여성들은 함께 모여 살며 새로운 가족 형태를 이루기 시작했다. '보스턴 결혼'이라고 알려진 실험적인 가족 형태 속에서 이들은 [섹스를 하진 않는 것으로 간주됐지만] 같이 자고, 애정을 나누며, 기념일도 챙겼다.

유명한 보스턴 결혼 중 하나는, 당시 필라델피아에서 '빨간 장미 소녀들'Red Rose Girls이라 알려진 공동체를 꾸렸던 네 명의 여자들이었다. 그중 세 명은 저명한 삽화가들이었고, 나머지 한 명은 가정부 역할을 담당했다. 그들은 각자의 이니셜을 조합해 만든 Cogs [사기, 속임수라는 뜻도 있다]라는 가짜 성을 썼고, 영원히 함께 살기로 서약했다. 그들은 구성원 가운데 하나가 다른 구성원들의 반대를 무릅쓰고 결혼을 선택할 때까지 10년 넘게

물레 돌리는 사람, '스핀스터'는
어떻게 노처녀를 의미하게 되었을까?

물레 돌리기spinning는 과거 여자가 결혼해서 가정을 이루고 아이를
갖기 전에 돈을 받고 할 수 있었던 몇 안 되는 일 중 하나였다.
자발적으로든 어쩔 수 없는 사정에 의해서든 결혼하지 않은 여성들은
평생 물레를 돌려야 했다. 그러니까 스핀스터spinster가 되었던 것이다.
이는 점차 관습으로 굳어져 독신 여성들의 이름 앞에 '스핀스터'라는
말이 붙게 됐다. 노처녀 스미스, 노처녀 코스텔로, 노처녀
푸딩즈위스라 부르게 된 것이다.

필라델피아 사교계에서 잘 나가는 유명 인사로 군림했다. 이후 결혼을 선택한 여성 대신 다른 여성이 합류했지만, 결국 넷은 두 커플로 나누어졌다.

보스턴 결혼의 구성원들이 실제로 성적 관계를 맺었는지 아닌지는 알 수 없겠지만, 당시 여성을 스스로는 성욕이 없는, 남성의 성적 욕구를 받아 주는 존재로만 생각했던 빅토리아 시대 사회는 이런 관계를 용인하고 심지어 장려하기까지 했다. 이 커플들은 과연 독신 생활을 함께 견디는 그저 좋은 친구 사이였을 뿐일까? 아마도 실제로는, 단순히 좋은 친구 사이인 사람들도 몇몇 있었겠지만, 많은 이들이 그 이상의 관계를 맺었을 것이다.

19세기 후반에는 스스로 비혼을 선택한 자존심 강한 노처녀들과 이들을 깎아내릴 새로운 방법들을 찾아낸 사회과학자 및 심리학자들이 넘쳐 났다. 독일의 성과학자들이나 미국의 모성운동Motherhood Movement은 출산을 찬양했다. 그들에게, 아이를 낳지 않는 여자는 사회의 잉여에 불과했고, 노처녀는 '여성 인구에서 폐기되어야 할 쓰레기'였다. 심지어 어떤 이들은 여성 인구가 더 많은 성비 불균형 문제를 일부다처제로 해결하자고 주장하기도 했다.

성과학자들도 한 가지 부분에 관해서만은 진보적인 사상가들이었다. 그들은 여성들끼리도 육체관계를 맺는다는 사실을 발견했다. 하지만 그들은 레즈비언들을 '어중간한

요람에서 무덤까지 여자들을 따라다니는 고정관념들

1901년 당시 빨간 장미 소녀들. 위쪽부터 바이올렛 오클리Violet Oakley, 엘리자베스 쉬펜 그린Elizabeth Shippen Green, 제시 윌콕스 스미스Jessie Willcox Smith 그리고 물을 주는 시늉을 하는 핸리에타 코젠스Henrietta Cozens, 이들의 성을 조합하면 Cogs가 된다.

여자들'이라 비난하면서 이들이 사회에 끼치는 해악을
최소화할 수 있도록 가장 하찮은 일만을 맡겨야 한다고
주장했다. 성과학자들의 이 같은 주장은 교육 및 보건 의료
분야, 보육 분야에서 일하던 많은 레즈비언 여성들의 생계를
위협했다(이 책 170쪽, 여자와 하는 여자 참조).

남성 중심적 사회가 여자들은 애를 낳고 가정을 돌보며
살기를 바랐음에도 불구하고 경제 상황은 이 같은 소망을
뒷받침해 주지 않았다. 20세기 들어(전후 1950년대 교외의 전업
주부들은 예외였다) 여성들은 노동시장에서 없어서는 안 될
노동력이 되었고, 이런 변화는 그 어느 때보다도 더 많은
여성들이 경제적으로 자립할 수 있게 되었음을 의미했다.
그리고 비혼의 길을 선택한 여성은 더 많아졌다. 현재 미국과
캐나다에서 다섯 명 중 두 명은 싱글 여성이다.

1965년, 헬렌 걸리 브라운Helen Gurley
Brown이 『코스모폴리탄』을 창간할 때까지 싱글 여성들에게
싱글이라는 사실에 자부심을 가지라고 고무하는 잡지는
없었다. (신여성 잡지 『플래퍼』가 여성들에게 근대적인 생활양식을
장려했던 것도 어디까지나 그들이 근대적인 주부가 될 수 있도록 하기
위해서였다.) 출판계 역사상 브라운만큼 노처녀에 대한
부정적인 고정관념을 바꾸기 위해 분투한 사람은 없었다.
『코스모폴리탄』이 추구하는 코스모 걸은 섹시하고
모험심이 강하며 재미를 추구하는 활기차고 멋진 독신

극작가 웬디 와서스테인Wendy Wasserstein의 퓰리처상 수상작
〈로젠스웨이그의 자매들〉The Sisters Rosensweig*이 처음 무대에 오르던 날
그녀의 어머니는 딸의 성공을 자랑스러워하면서도 다음과 같이
덧붙였다.

"그런데 애야 오늘이
네 결혼식이면
더 좋았을 텐데 말이지."

* 유태계 미국인 세 자매를 주인공으로 한 희곡 작품으로 1992년 초연되었다. 홍콩은행의
대표 사라와 라디오에서 상담을 하는 고저어스, 그리고 여행가 페니라는 중년 여성 캐릭터
들을 소재로 작가는 '혼자가 아닌 중년 여성의 가능성'을 보여 주었다.

여성이었다.『코스모폴리탄』에는 데이트할 남자를 찾는
법이나 그와의 잠자리에서 어떻게 하면 자신이 원하는 것을
얻어 낼 수 있는지에 관한 기사는 많았지만, 어떻게 하면
결혼에 골인할 수 있는지에 관한 기사는 없었다. 이것이 바로
진보가 아니겠는가?

그렇다면 싱글 여성들이 남편감을 찾을 수 있도록 도와주는
수백만 달러 규모의 최신 웨딩 산업들은 어떻게 해석할 수
있을까? 이런 주제를 다루는 책과 잡지들은 수없이 많다.
이들은 끊임없이 여자들에게 자기중심적인 태도를 버리고
남자들에게 좀 더 매력적으로 보이는 법을 배우라고 훈계한다.
'노처녀 신드롬'The Old Maid Syndrome이라 불리는 인격 장애는
만족스러운 연애를 하지 못하는 서른 살 이상의 싱글 여성들이
증가하는 현상을 나타내는 말이다. '노처녀 문학'Spinster Lit은
영국에서 '싱글턴'Singleton이라고도 불리는 젊은 미혼 여성들의
불안과 위기를 다루는 통속 소설 장르다. 주인공들은 모두
전문직 여성으로 자신의 미혼 상태에 병적으로 집착한다.
앨리 맥빌이나 브리짓 존스 같은 캐릭터들이 좋은 예다.*
반면에 미혼 남성들은 멋진 독신남으로 그려지며, 관계
공포증Commitment Phobia으로 살짝 의심 받기도 하지만, 어디에도
'구속'받지 않고 자유를 즐기는 존재로 부러움을 산다.

오늘날 여전히 대다수의 여성들은 결혼을 선택하고 있지만,
동거 커플, 동성애 커플, 그리고 비혼자들이 점점 늘어나면서

그 비율은 점차 감소하고 있다. 현재 그 어느 때보다도 많은 수의 비혼 여성들이 존재하며, 그들 중 많은 수가 자신의 삶에 만족하고 있다! '행복한 비혼 여성'Happily Unmarried Women의 구성원들은 스스로를 "질긴 노처녀"Leather Spinster**라 부르며 싱글 여성에게 도움이 될 만한 이슈와 정보를 공유하는 웹사이트를 운영하고 있다. 게릴라걸스는 노처녀에 관한 고정관념이야말로 곧 지어질 멸종된 고정관념 박물관에 첫 번째로 전시되어야 한다고 제안하는 바이다.

---

* 이런 여주인공들이 나오는 문학 장르를 칙릿chick lit이라고도 한다. '젊은 여성'을 의미하는 속어 'chick'과 문학literature을 합성한 말로 1995년 포스트페미니즘적인 소설들을 가리켜 처음 사용됐고, 이후 미디어들이 여성 독자들을 위한 여성 작가들의 소설을 가리켜 사용해 쓰기 시작했다. 헬렌 필딩의 소설 『브리짓 존스의 일기』를 원조로 꼽을 수 있으며, 최근 영화화된 로렌 와이스버거의 『악마는 프라다를 입는다』(2003) 역시 궤를 같이한다. "대도시에 사는 미혼 상태의, 20대 후반에서 30대 초반, 백인, 이성애자 여성"을 주인공으로 하는 경우가 대부분이며, 직장 내 로맨스, 친구 관계 등을 가볍고 유머러스하게 다루는 것이 특징이다.

** 1980년대 말, 미국에서 결혼할 필요나 욕구를 느끼지 못하는 성공한 커리어 우먼들이 스스로를 가리켜 처음 사용하기 시작했다. 여기서 '질기다'라고 번역한 leather(가죽)는 터프하다는 의미로 가족의 결혼하라는 잔소리를 피하기 위한 충격 요법처럼 사용됐다. 이 말은 점차 비혼 여성들에 대한 기존의 편견들(난잡한 성생활을 즐긴다거나 레즈비언이라거나 그 어떤 남자도 결혼하고 싶어 하지 않는 매력 없는 여성이라는 생각들)을 깨뜨리는 말로 변화해 지금은 비혼 생활에 만족하며 의식적으로 독신의 삶을 선택한 행복한 싱글 여성(이성애자나 무성애자 여성)을 가리키는 말로 쓰인다.

미디어 속 노처녀들

/ 집안의 애물단지, 과년한 딸년

〈내 이름은 김삼순〉 같은 로맨틱 코메디에 등장하는 단골 여성 캐릭터로 30대 비혼 여성들이 주를 이룬다. '미혼'이라고 믿는 부모님과 '비혼'임을 주장하는 딸 사이에는 갈등이 끊이지 않는다. 그녀가 무슨 말을 하든지 '너는 시집 갈 생각이나 해 이것아'라는 말로 귀결되는 대화를 하게 된다. 집 밖에 나가면 동네 아줌마들의 동정 어린 시선을 한 몸에 받을 수 있다.

/ 이번 생은 망한 이모 혹은 고모

주로 40대 비혼 여성으로 대가족 드라마를 보면 빠지지 않는 조연이다. 이들이 여자로서 '구원'받을 가능성은 "거리를 걷다 원자폭탄을 맞을 확률보다 낮다"고 간주되기 때문에 '언제 시집갈래?'라는 잔소리는 듣지 않아도 된다. 가문의 망신으로 집안에서는 식모 취급을 받는 경우가 다반사며, 자기 돈으로 독립을 하려 해도 부모의 반대에 부딪히는 경우가 많다. 가족들은 시집도 못간 여자를 데리고 살아 준다는 텃새를 부린다. 때때로 재취 자리를 제안받아 속을 긁힌다.

/ 일과 결혼을 선포한 철벽녀 커리어 우먼

그녀의 모든 일과는 일을 중심으로 돌아간다. 일 이외에는 인생에 아무런 의미도, 목적도 없어 보이는 이런 여자들은 남자가 쉽게 다가갈 수 없는 대상이다. '골드미스'라고도 불리는 이들은 드라마 속에서 보통 두 부류로 구분된다. 하나는 '평범한' 외모를 가장하고 있다가 백조로 변신하는 여주인공으로 '재벌 2세'를 만나야 변신이 가능하다. 또 한 부류는 여주인공의 젊음과 미모, 능력을 시기하며 주인공을 괴롭히는 조연들로 주인공보다는 나이가 많은 노처녀 상사 혹은 동년배 라이벌로 등장한다.

/ 히스테리의 여왕, 처녀귀신 혹은 여성 범죄자

결혼을 못해서 한을 품은 여자 캐릭터들이다. 〈전설의 고향〉이나 각종 미스테리물을 보면 결혼을 못해서 구천을 떠도는 처녀귀신들이 즐비하다. '처녀'가 아닌 기혼 여성이 귀신이 되는 경우는 '정절'을 지키고자 자살한 경우가 대부분이다. 지긋지긋한 결혼생활의 한恨을 품은 아줌마·할머니 귀신은 좀처럼 찾아보기 힘들다.

처녀귀신이 저승에서 온 히스테리 노처녀라면, 여성 범죄자들은 살아 있는 히스테리 노처녀들이다. 이들이 범죄의 길로 들어서게 된 것은 대부분이 남자의 배신, 결혼 실패 등 비자발적으로 미혼 여성이 되었기 때문이다. 대부분 남자의 행복한 가정을 박살내려고

갖은 술수를 쓰는 악녀로 공포물이나 막장 드라마의 시청률을 높이는 단골 소재다.

/ '다른' 비혼자들: '미혼'이 아니라 '비혼'이라 외치는 사람들

다름을 인정하기 힘들어하는 한국 사회에도 그간 많은 변화가 있었다. 2010년 인구주택총조사 잠정 집계를 보면, 부모와 자녀로 구성된 이른바 '정상 가족'은 20퍼센트에 지나지 않는다. 또 1인 가구 역시 2000년 약 222만 가구에서, 2010년 약 403만 가구로 급증해 전체 가구에서 차지하는 비중은 23.3퍼센트에 달했다. 이 가운데 자발적 비혼을 선택한 여성의 경우 남성들과는 이유가 좀 달랐다. 결혼이나 출산이 여성의 경력 단절을 불러오는 여전한 현실과, 가족 내에서 여성이 담당해야 할 각종 의무에 대한 자각 때문이다.

미디어의 비혼 여성에 대한 재현은 이런 현실에 비해 여진히 틀에 박혀 있다. 비혼 여성들의 히스테리가 좀 더 설득력 있게 재현될 때도 있지만 여전히 이들의 존재는 문제적이며, '왕자'를 만나는 결말 역시 거의 바뀌지 않았다.

하지만 비혼 및 다양한 대안 가족 형태에 대한 실험과 목소리들도 조금씩 반영되고 있다. 혼자서도 충분히 즐거운 여자(《싱글즈》에서 장진영), 싱글맘을 선택한 여자(《싱글즈》의 엄정화), 혈연으로 이어지지 않은 공동체를 선택한 여자(《가족의 탄생》의 정유미와 〈굿바이 싱글〉의 김혜수, 〈디어 마이 프렌즈〉의 윤여정을 비롯한 할머니들) 등에 대한 재현은, 비혼을 외로운 삶으로 생각하는 고정관념을 비틀어 준다. 혼자 그리고 같이 행복해지기 위한 삶의 모델들은 아직도 무한한 가능성으로 남아 있다.

2016년 4월 30일, 이탈리아 밀라노에서 열린 비혼커플들의 행진. 비혼을 선택한 게이, 레즈비언, 이성애 커플들이 모였다.

할망구

파파걸, 말괄량이, 이웃집 소녀, 멍청한 금발, 잡년, 요부, 엄마, 그리고 노처녀. 이 모든 걸 견뎌 냈다면, 이제 뭐가 남았을까? 바로 할망구다. 제멋대로 자란 잿빛 머리칼을 늘어뜨리고 군데군데 빠진 이를 드러내며 완전히 굽어 버린 등을 펴지 못하고 솥에다 고통과 절망을 달이고 있을 것 같은 추하고 쪼그라든 여자. 사사건건 참견하기 좋아하는 혐오스러운 할망구에 대한 고정관념은 그리스신화의 퓨리에스Furies*와 하르피에스Harpies**에서 시작되어, 셰익스피어의 『맥베스』에 나오는 마녀들을 거쳐, 찰스 디킨스의 (『두 도시 이야기』에 나오는) 마담 드파르지나 (『위대한

* 머리카락은 뱀이고 날개를 가진 새 자매로 복수, 분노를 상징한다.
** 여자의 머리를 하고 몸에는 새의 날개와 발을 가진 괴물. 잔인한 여자의 대명사.

유산』의) 미스 해비샴, 그리고 『오즈의 마법사』에 나오는 사악한 서쪽 마녀에까지 이른다.

이에 비해 나이 든 남성들에 대한 고정관념은 찾기 힘들다. '고리타분한 늙은이'Old Fart나 '색골 늙은이'Dirty Old Man가 있긴 하지만 비교적 최근에 만들어진 것이고, '색골 늙은이'는 여전히 성욕이 강하다는 점에서 선망의 대상이 되는 측면도 있다.

나이 든 여성을 지혜로운 존재로 공경하는 아프리카나 중국, 남아메리카, 아메리카 원주민들과 달리 우리 문화는 이들을 못된 잔소리꾼 할망구로 둔갑시킨다. 여성은 나이가 들수록 가치가 떨어진다고 생각하는 서양 문화에서 많은 여성들은 자신의 나이를 자랑스러워하기보다는 숨기기에 급급하다.

사회적으로 점점 그 위상이 폄하되고 있는 나이 든 여성들에게는 무슨 일이 일어나고 있을까? 일단 모든 여성은 언젠가는 갱년기를 거치며 더 이상 아이를 낳을 수 없는 몸이 된다. 피임법이 흔치 않았고 출산이 훨씬 더 위험한 일이었던 과거에는 여성들의 기대 수명 역시 매우 낮았기 때문에 지금보다 훨씬 적은 수의 여성만이 갱년기에 도달했다. 하지만 전체 인구의 22퍼센트가 50세 이상의 여성인 오늘날 당신은 아마도 이들에 대한 처우가 조금은 나아졌을 거라고 기대할 것이다. 그러나 몇몇 의사들은 여전히 갱년기를 일정 나이에 도달한 모든 여성에게 일어나는 자연스러운

'비치'Bitch? '위치'Witch? 잡년과 마녀는 한끗 차이

16세기 중반부터 18세기 중반까지 약 8백만 명이 넘는 여성들이
마녀로 몰려 처형당했다. 이들 대부분은 노처녀나 과부 등 남편의
보호를 받지 못하는 여성들이었고, 개중에는 산파나 치료사들도
있었다. 이들은 주류 의료와는 다른 약물 치료법에 대한 지식과
통찰력, 그리고 독특한 경력을 지닌 독립적인 여성들이었다.

과정으로 보기보다는 질병이나 결함으로 분류하고 있다. 산부인과 의사들 가운데 자신들이 고안해 낸 잔인한 치료법을 부끄러워해야 할 이들은 한두 명이 아니다(이 책 125쪽 참조).

패션 산업 역시 마찬가지다. 나이 든 여성들이 더 큰 경제력을 가지고 있음에도, 광고계는 항상 젊은 여성의 날씬한 몸만을 보여 주며 거의 모든 나이대의 여성들에게 절망감을 안겨 준다! 그래서 게릴라걸스는 중년에 이른 자신들의 누드 사진으로 자선용 캘린더를 만들어 큰돈을 모금했던 영국의 라일스톤 부녀회원들이 너무나 사랑스럽다.

자연스레 나이가 들어감에 따라 여성들은 새롭고 특별한 삶의 국면을 맞는다. 재생산 능력을 상실한 이후에도 인생의 절반을 살 수 있는 동물은 인간 여성이 유일하다. 여성은 특정 나이에 도달하면 더 이상 어머니나 돌봄 노동자로서의 역할을 담당하지 않아도 된다. 또 배우자와 사별하거나 이혼한 여성들은 더 이상 누군가의 아내로 불리지 않아도 된다. 그녀들은 이제 얼마든지 자유롭게 새로운 도전을 할 수 있다. 설령 사회가 우리 여성들의 성숙과 자유를 축하해 주지 않는다 해도 우리 스스로 하면 된다.

게릴라걸스는 나이 든 여성에 대한 고정관념에 저항한 과거와 현재의 여성들을 다음과 같이 소개하는 바이다.

갱년기는 이제 현대 사회에서 중요한 의학 문제로 인식돼야 한다. 가장 씩씩한 여성들조차 (갱년기 이후에는) 여성으로서 능력을 잃게 된다는 사실을 더 이상 숨길 수 없다.

—의학박사 로버트 A. 윌슨*, 1968년 베스트셀러 『영원한 여성성』 중에서

* 윌슨은 갱년기 여성에게 에스트로겐을 처방해야 한다고 주장한 대표적인 의사이다. 그러나 2002년 여름, 세간의 믿음과 달리 에스트로겐은 기적의 명약이 아니라는 것이 밝혀졌다. 나중에 윌슨의 연구와 저서는 제약회사들의 재정 지원을 받은 것으로 밝혀졌다.

대기만성형 할머니들

안나 메리 로버트슨 "그랜드마" 모제스Anna Mary Robertson "Grandma" Moses, 1860~1961는 뉴욕 변두리의 한 농장에서 성장기를 보냈다. 그녀는 칠십대 후반에 붓을 들고 어린 시절의 추억을 캔버스에 그리기 시작했다. 그리고 몇 년 만에 20세기 가장 사랑받는 유명 화가 중 한 명이 되었다. 미술사가들이 그녀의 작품에 대해 이러쿵저러쿵 하는 말 따위는 잊어버리자. 그녀는 중요한 현대 예술가는 술을 엄청 마셔 대는 젊은 백인 남자라는 편견을 깨뜨린 해독제였다.

해리엇 도어Harriet Doerr, 1910~2002는 1927년 대학에 입학했고 1977년에야 졸업할 수 있었다. 그로부터 7년 뒤, 73세의 나이로 그녀는 자신의 첫 번째 소설 『이바라를 위한 돌멩이』Stones for Ibarra를 출간했다. 이 작품으로 그녀는 전미도서상을 수상했다.

알마 토머스Alma Thomas 1891~1978는 평생을 교사로 일하며 여가 시간과 여름 방학을 이용해 그림을 그렸고, 퇴직 후에야 비로소 온전히 그림에만 몰두할 수 있었다. 이후 그녀는 뉴욕 휘트니 미술관과 워싱턴 D.C.의 코르코란 미술관에서의 전시회를 시작으로 화려한 경력을 이어 갔는데, 이는 모두 여든이 넘었을 때의 일이었다.

골다 메이어Golda Meir, 1898~1978는 38세에 정계에 뛰어들어, 71세가 되던 1969년에 이스라엘 수상이 되었다. 그녀는 리처드

갱년기 증상에 대한 초기 치료법들

전기치료

갱년기와 전기치료에 집착했던 프랑스 의사 조르쥬 아포스톨리George Apostoli는 1856년에 배터리에 연결된 막대와 전선으로 갱년기 증상을 겪고 있는 여성들의 자궁에 직접 전기 쇼크를 주었다. 이는 전기 산부인과학의 시대를 열었다. 재미있는 사실은 치료를 한 번 받아 본 여성들은 증상이 호전된 것처럼 느꼈지만, 두 번 다시 같은 치료를 받겠다고 하는 사람은 없었다는 점이다! 이 치료법은 1920년 즈음엔 거의 사라지게 됐다.

엑스레이 치료법

1905년 할버슈타터 박사Dr. Halberstadter는 암토끼의 난소에 엑스레이를 쏘면 배란이 멈추는 것을 발견했다. 산부인과 의사들은 너도나도 과다 출혈로 고생하는 갱년기 여성들에게 똑같은 치료법을 사용하기 시작했다. 치료의 목적은 난소를 죽여서 폐경에 이르도록 하는 것이었다. 그 결과 환자들은 장 내에 화상을 입거나 궤양이 생겼고, 최악의 경우 사망에까지 이르렀다.

닉슨이나 니키타 흐루시초프와 같은 거물들을 상대로 꿋꿋이
자기 입장을 고수했다.

메리 해리스 "마더" 존스Mary Harris "Mother" Jones, 1830~1930는
쉰 살 때 노동운동을 위해 교직과 재봉 일을 그만두었다.
그녀가 파업 중인 광부의 아내들을 조직해 대걸레를 들고 용역
깡패들과 대치한 일화는 전설이 되었다. 또 그녀는 아동노동의
부당함을 알리기 위해 워싱턴까지 행진하기도 했다.

지미 카터 대통령의 어머니 릴리언 고디 카터Lillian Gordy
Carter, 1898~1983는 평생 간호사 일을 놓지 않았다. 68살에 그녀는
은퇴는커녕 평화봉사단으로 몇 년을 인도에서 보냈다.

매기 쿤Maggie Kuhn, 1905~95은 65살 때 회사가 퇴직을 강요하자
부당하다고 생각했다. 그녀는 퇴직 후 나이 차별 및 부당한
연금제도에 반대하는 활동가 그룹 '그레이 팬서'Grey Panther를
조직했다.

나이를 잊은 여자들*

캐서린 헵번Katherine Hepburn, 일흔이 넘은 나이에 영화
〈황금연못〉으로 네 번째 아카데미 여우주연상을 받았다. 레나
혼Lena Horne, 가수이자 배우, 민권운동가, 댄서 등 다재다능했던

---

* 이하의 인물 설명은 옮긴이가 추가한 것이지만 가독성을 위해 대괄호로 처리하지 않았다.

요람에서 무덤까지 여자들을 따라다니는 고정관념들

다른 문화 속 현명한 여성들

아메리카 원주민 이로쿼이족에서 씨족의 나이 든 여성들은 모계
부족에서 막강한 권력을 지닌 "족장회"를 구성했다. 그들은 족장
추천권뿐만 아니라 언제 전쟁을 시작해야 할지, 어떤 조약을 체결할지
등을 둘러싼 부족의 중요한 결정들을 승인하는 권력을 가지고 있었다.
바이아나스Baianas는 리우데자네이루 축제에서 삼바춤 행렬을 이끄는
존경받는 나이 든 여성들의 집단으로 풍성한 스커트를 입고 축제
행렬을 이끈다.

그녀는 예순이 넘은 나이에도 브로드웨이에서 300회 이상 공연을 펼쳤고, 말년에도 음반 녹음과 공연 활동을 멈추지 않았다. 쥬디스 재미슨Judith Jamison, 현대무용가이자 안무가로 무용계의 전설 같은 존재인 그녀는 노년에도 미국의 3대 무용단 가운데 하나인 '앨빈 에일리 아메리칸 댄스 시어터'를 이끌며 왕성히 활동 중이다. 소피아 로렌Sophia Loren, 1950, 60년대 관능적인 섹스 심벌로 한 시대를 풍미했던 그녀는 칠순을 넘긴 2007년에도 피렐리 달력의 모델로 등장했다. 오노 요코Yoko Ono, 존 레넌의 부인이기 이전에 현대 예술에서 중요한 전위예술가인 그녀는 여든이 넘은 지금까지도 꾸준히 작품을 내놓고 있다.

말도 많고 탈도 많은 우리 시대 가장 유명한 페미니스트 글로리아 스타이넘Gloria Steinem은 여든이 넘은 2015년에도 회고록을 발표했고, 2017년 1월, 트럼프 반대 시위에서도 멋진 연설을 했다. 아메리카 원주민 최초의 프리마 발레리나이자 미국의 가장 위대한 발레리나이기도 했던 마리아 톨치프Maria Tallchief는 88세를 일기로 생을 마감할 때까지 평생 토슈즈를 벗지 않았다. 로큰롤의 여왕 티나 터너Tina Turner는 70세를 맞이한 2009년에도 50주년 기념 콘서트 투어를 했다. 여성의 낙태권을 위해 싸워 온 페이 와틀턴Faye Wattleton은 10년 넘게 미국가족계획연맹 회장으로 있으면서 여성들에게 '꼭 필요한' 의료 서비스를 제공했다.

이들은 모두 나이가 든 후에도 자기 분야에 대한 열정과 활동력을 잃지 않았던, 그 어떤 여성들보다 아름다웠던 여성들이다.

지혜로운 할머니들

만약 우리 문화에 지혜로운 할머니라는 고정관념이 존재한다면 레이첼 카슨Rachel Carson, 제인 구달Jane Goodall 외에도 다음의 여성들이 거론되어야 마땅할 것이다.

글로리아 스타이넘, 베티 프리단과 함께 전국여성정치위원회를 조직한 환경운동가이자 정치인 벨라 압죽Bella Abzug은 여성환경개발기구WEDO를 창립했고, 77세를 일기로 세상을 떠날 때까지도 휠체어에 몸을 싣고 비정부기구 활동을 이어 갔다. 헐하우스와 여성국제평화자유연맹을 세운 제인 애덤스Jane Addams는 평생 사회 개혁에 헌신한 공로로 일흔이 넘은 나이에 미국 여성 최초로 노벨평화상을 수상했다. 세계 최초의 흑인 오페라 성악가로 인권 운동에도 큰 영향을 미친 매리언 앤더슨Marion Anderson은 말년에도 UN인권위원회 대사로 활발한 활동을 펼쳤으며 1991년 그래미 평생공로상을 수상했다. 평생을 여성참정권운동에 바친 수전 B. 앤서니Susan B. Anthony는 75세의 나이에 요세미티 국립공원을 여행할 정도로 에너지가 넘쳤다. 세계적인 반핵운동가 헬렌 캘디컷Helen

Caldicott은 여든을 바라보는 지금까지도 반핵운동과 저술 활동에 매진 중이다. 딜라니 자매Delaney Sisters, 각각 과학 교사, 치과의사였던 이들 두 자매는 100년이 넘는 한평생을 함께 살며 흑인 인권운동에 기여했다. 두 사람 모두 100살이 넘어 출간한 구술 책은 베스트셀러가 되었다.

모던댄스의 창시자 마사 그레이엄Martha Graham은 50년 넘게 활동하며 170여 편의 작품을 만들었다. 1960년대 마틴 루터 킹과 함께 흑인 민권운동을 주도했던 패니 루 헤이머Fannie Lou Hamer는 투표권 등록을 하려다 구치소로 끌려가 심한 구타를 당한 이후 평생을 후유증에 시달리며 살았지만 민권운동에 대한 신념을 잃지 않았다.

1962년 농장노동자연합을 창설한 돌로레스 후에르타Dolores Huerta는 40년 넘게 노동자와 저소득층 이민자들의 권익을 위해 싸우면서 수많은 파업과 시위를 주도했다. 흑인 여성 최초로 텍사스 주의회 의원이 된 바버라 조던Barbara Jordan은 탁월한 연설가이기도 했다. 죽기 직전인 1995년 말에도 미국 내 불법이민자 자녀들에게 시민권을 부여하지 말자는 주장에 강력히 반대하는 의회 연설을 했다. 하와이왕국의 마지막 여왕 릴리우오칼라니 여왕Queen Liliuokalani은 미국 자본가들에 맞서 사탕수수 농장의 국유화 조치를 취한 강단 있는 군주로 추방당한 뒤에도 빼앗긴 왕국을 되찾기 위해 힘썼다. 인류학계의 대모 마거릿 미드Margaret Mead는 생을 마감할 때까지

요람에서 무덤까지 여자들을 따라다니는 고정관념들

왼쪽부터 글로리아 스타이넘, 로자 파크스, 엘리노어 루스벨트,
마리아 톨치프, 마더 존스, 레이첼 카슨,
돌로레스 후에르타, 딜라니 자매, 해리엇 터브먼

꾸준히 공부하고, 여행하고, 가르치고, 쓰는 일을 멈추지
않았다.

조지아 오키프Georgia O'Keeffe는 1920, 30년대가 전성기였지만
1980년대까지 붓을 놓지 않았으며, 말년에 시력을 잃은 뒤에도
예술에 대한 열정을 포기하지 않고 도예 일을 했다. 몽고메리
버스 보이콧 운동을 일으킨 로자 파크스Rosa Parks는 75세까지
일을 계속했고, 80대 중반에 회고록을 써냈다. 소아마비에 걸린
남편의 조력자로 정치 활동을 시작한 엘리너 루스벨트Eleanor
Roosevelt는 남편이 죽은 뒤 더 왕성히 사회운동을 했고 생을
마감하기 직전인 1961년까지도 국제연합 회의장을 오갔다.

산아제한운동의 선구자 마거릿 생어Margaret Sanger는 80세까지
국세가족계획연맹 회장직을 유지했으며, 경구 피임약의 개발을
도와 여성의 삶을 완전히 바꿔 놓았다. 메이 사턴May Sarton은
말년에 뇌졸증이 찾아온 후에도 녹음기에 의지해 글 쓰는 일을
멈추지 않았다. 헬렌 켈러의 선생님 앤 설리번Anne Sullivan은 그녀
자신도 시각 장애인이었지만 죽을 때까지 헬렌의 손을 놓지
않았다. 엘리자베스 캐디 스탠턴Elizabeth Cady Stanton, 19세기 여성
참정권 운동을 주도했던 그녀가 말년에 발표한 자서전에는
80여 년간의 삶이 고스란히 담겨 있다.

해리엇 터브먼Harriet Tubman, 노예해방운동에서 눈부신
활약상을 보여 줬던 그녀는 말년에는 여성 참정권 운동에 몸을
바쳤다. 최고의 핵물리학자 우젠슝Wu Chien-Shiuang은 말년에도

중국 정부에 대한 비판은 물론, 과학 분야에서 여성이 겪는 불평등에 대한 발언을 멈추지 않았다. 우리는 여러분에게도 이 목록에 추가할 각자의 현명한 할머니들이 있을 것이라 믿는다.

제3의 성, 아줌마

미국에서는 섹시한 중년 여성들을 가리켜 쿠거cougar(연하남과 연애를 즐기는 중년 여성을 가리키는 말이지만 '쿠거 리프트'라고 해서 연하남과 최대한 비슷한 나이로 보이기 위한 시술이 필요하다)라는 말도 생겨났고, 한국의 경우 연하에 돈까지 많은 총각을 만나 행복을 찾는 '줌마렐라'(신데렐라+아줌마)도 있지만, 어디까지나 일반적이지 않은 판타지로, 실제로 사회가 중년 여성들을 바라보는 시선은 여전히 곱지 않다. 소위 '아줌마'로 뭉뚱그려지는 이들은 (할머니는 제외하고) '조금이라도 젊지 않은' 여성들을 모두 포괄한다. 국립국어원의 정의에 따르면, "부모와 같은 항렬의 여자" 혹은 "결혼한 여자"를 예사롭게 부르는 말이지만, 사실 결혼 여부를 얼굴에 붙이고 다니는 사람은 없으므로 실제 아줌마의 기준은 젊지 않아 보이는, 즉 (남자들이 보기에) 성적 매력을 상실한 외모를 가진 모든 여성을 지칭한다.

한국의 아줌마들에게는 시대의 변화나 계급에 따라 여러 가지 부정적인 의미가 덧대져 왔다. 남편 몰래 춤바람이 난 탈선녀가 되기도 하고, 남편이 고생해 벌어 온 '오일 머니'를 도박에 탕진해 버리기도 하며, 학교에 치맛바람을 일으키고 다니는 교육 문제의 주범이 되기도 하고, 한때는 부동산 시장을 왜곡하는 복부인이 되었다가, 이제는 도로 위의 무법자 '김여사'가 되었다. 요즘엔 공공장소에 아이를 데리고 나타나는 젊은 엄마들을 가리켜 '맘충'(mom+벌레 충蟲)이라는 말도 생겼다. 어째서 사람들은 어머니를 가장 이상적이고 희생적인 여성상으로 꼽으면서도 "엄마뻘의 여자"인 아줌마에 대해서는 이토록 부정적 시선을 보이는 걸까? 한국 사회의 아줌마에 대한 비난은 그칠 줄 모른다.

〈나무위키〉가 말하는 '아줌마'의 특징(검색일: 2017/02/17)

• 지상 최강의 전투 종족. 미국에는 갱스터, 일본에는 야쿠자, 이탈리아에는 마피아, 한국에는 조폭과 아줌마가 있다.

• 이들의 강력함을 실감할 수 있는 곳으로는 시장과 대중교통 등이 있다. 시장에서 혹시라도 이들과 같은 물건을 접찍었다면 조용히 포기하자.

• 현시욕과 과시욕이 왕성해지기도 한다. 대표적인 예시가 바로 치맛바람. 이는 때때로 도가 지나쳐서 인격 형성보다 성적표를 우선시하고 촌지를 제공하고 스트레스에 치인 자식이 자살하기도 하는 등 오만 가지 폐단의 원흉이 된다.

• 이들의 강력한 포스를 느낄 수 있는 곳은 아파트 부녀회. 집값 올리고 싶어요, 역명을 바꿔 주세요 징징 신공은 지하철 운영사로서도 버틸 수가 없다. 이로 인해 갈아치운 역명이 한둘이 아니다.

• 남의 집 사정을 늘 이야깃거리로 삼는다. 이 때문에 가정이 파괴되거나 연인이 헤어지는 일이 생기기도 한다.

• 간혹 아줌마 화장이라는 특수 분장을 이용, 시각 및 후각 테러를 자행한다.

해주는 여자/
애정의 대상/
혐오의 대상/
해주지 않는
여자/하고 또
하는 여자/
여자와 하는
여자/여자와도
하고 남자와도
하는 여자

섹스의
대상들

이 장은 섹스에 관한 것이다. 다른 장에서도 성을 이야기하긴 했지만, 이번 장은 정말로 섹스에 관한 것이다. 먼저 공짜로는 해주지 않는 여자들부터 시작해 보자. 매춘부, 창녀, 헤픈 여자, 콜걸, 몸 파는 여자, 거리의 여자, 윤락 여성, 첩, 포주, 유녀, 갈보, 여자 뚜쟁이, 정부, 화냥년, 걸레, 난잡한 여자, 쉬운 여자, 잡년, 잘 주는 여자, 문란한 여자라 불리는 그녀들의 이야기다.

앙리 툴루즈 로트렉, 〈양말을 당기는 여인〉(1894)

해주는 여자,
그러나 공짜는 아님

왜 우리말에는 '돈을 받고 몸을 파는 여자'를 가리키는 말이
넘쳐 날까? (우리는 과거에는 기생을 비유적으로 일러 노류장화(아무나
쉽게 꺾을 수 있는 길가의 버들과 담 밑의 꽃)라고도 했고, 현대에 와서는
직업여성, 창녀, 창부, 매춘부, 호스티스, 접대부 등의 말이 사용돼 왔으며,
은어·속어로는 갈보, 냄비, 색시, 화냥년 등도 있다) 이는 성매매가 가장
오래된 직업 중 하나이며, 세계적으로 가장 번창한 산업 가운데
하나이기 때문일 것이다. 사회사 연구자들에 따르면, 19세기
중반 뉴욕에서 15~30세 여성들 가운데 열에 하나는 성매매를
해본 것으로 추정된다. 당시 사회 개혁가들의 계산에 따르면,
네 명 중 한 명 이상은 성매매 여성이었다. 당시 여자들이
차별로 인해 제대로 된 임금을 주는 일자리를 구하는 것이
거의 불가능했다는 사실을 고려해 볼 때, 성매매 여성이 이렇게
많았다는 것은 그다지 놀라운 일이 아니다.

섹스의 대상들

1843년, 뉴욕 같은 대도시에서 완전히 혼자가 된 젊은 여성이 어떤 환경에 놓여 있었을지 생각해 보자. 그녀는 고아이거나 과부일 것이다. 남편이 부양해야 할 아이들을 떠넘기고 떠나 버렸을 수도 있다. 당시 법에 따른다면 그녀는 학교에 입학할 수도 없고, 사업장에서 견습생으로도 일할 수 없으며, 장사조차 할 수 없다. 그녀가 재산을 소유하거나 개인 사업을 하는 것은 거의 불가능하다. 또 그녀는 자신을 부양해 줄 다른 남자와 결혼하기 위해 이혼조차 할 수 없다.

이런 상황에서 이 여자에게 남은 선택지는 무엇일까? 그녀가 할 수 있는 일은 거리에 나가 몸을 파는 길뿐이다. 그러다 보면 윤락 업소에서 한자리를 차지할 수도 있고, 거리의 한 구역을 차지할 수도 있었다. 만약 수완이 좀 있는 여자라면, 자신과 비슷한 처지의 여자들을 고용해 사업을 시작해 스스로 포주가 되는 길도 있다. 역사적으로 성매매 여성들은 가장 성공한 여성 사업가들이기도 했다.

왜 가난한 여자들이 성매매의 유혹을 저버리기 힘들었는지 알려 주는 통계를 살펴보자. 1843년, 공장에서 한 여성이 바느질로 벌 수 있는 일당은 37센트에 불과했지만, 성매매 여성들 중에서도 가장 낮은 임금을 받았던 거리의 여성들이 하룻밤에 벌 수 있는 돈은 5달러가 넘었다! 산업혁명이 한창이던 1870년에조차 여공의 주급은 6~12달러였던 반면, 사창가 성매매 여성들은 하루 30달러, 거리의 여성들은 한 주

바비 인형의 과거

『영원한 바비』의 저자 M. G. 로드가 고발한 것처럼 세계에서 가장 많이 팔린 이 인형에게는 숨기고 싶은 과거가 있다. 바비 인형의 원조는 1950년대 독일 남성들의 마음을 사로잡았던 릴리라는 이름의 〔신문에 연재되던〕 만화 캐릭터로, 실은 게르만계 콜걸이었다. 만화의 인기에 힘입어 릴리 캐릭터는 성인 남성들을 위한 선물용 인형으로 제작되었는데, 갈아입힐 수 있는 섹시한 옷까지 완비돼 있었다. 마텔(미국 완구 업체)의 사장 루스 핸들러는 유럽 여행 중 릴리를 발견하고는 그 권리를 사들인 뒤 살짝 건전하게 꾸민 다음 이름만 바꿔 팔기 시작했다. 이후 무슨 일이 일어났는지 설명은 생략하기로 한다.

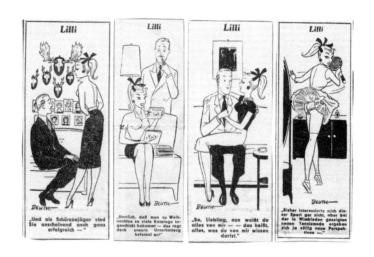

50달러를 벌었다. 여공들 가운데는 성매매를 겸하는 이들도 있었다. 예나 지금이나 성매매 여성들 대부분은 파트타임으로 일했기 때문이다.

당시 성매매는 인간 본성으로 인해 불가피하게 일어날 수밖에 없는 일이라고 여겼다. 부인 외에 더 많은 여자들과 즐기고 싶어 했던 유부남들이 성매매 여성의 고객이 되었다. 혼전 관계가 금기시되었기에 미혼 남성들 역시 성매매 여성을 찾았다. 숫총각의 경우 친구나 심지어는 아버지가 사준 경험 많은 능숙한 성매매 여성을 통해 총각 딱지를 떼는 경우도 많았다.

19세기 이전의 문학 작품에서 매춘부* 캐릭터들은 셰익스피어 작품의 여자 포주들이나 〔쇼데를로 드 라클로의〕 『위험한 관계』에 나오는 창녀 책략가들, 〔대니얼 디포의〕『몰 플랜더스』에 등장하는 매력적인 몰 플랜더스처럼** 보통 활기 넘치는 쾌락 추구자들로 그려졌다. 이들은 모두가 자기 삶에 대한 통제력을 갖추고 자기 일에서도 착취당하지 않는 여성들이었다.

그러나 근 150년간 성매매 여성에 대한 이미지는 그리

---

* 이 책에서는 성매매 여성들에 대한 기존의 고정관념을 나타내는 부득이한 경우에만 '매춘', '매춘부', '창녀'라는 번역어를 썼다.

** 몰 플랜더스라는 여성의 비극적 일생을 그린 작품으로, 범죄자 어머니에게 태어나 남편에게 버림받은 플랜더스는 살아남기 위해 위장 결혼, 사기, 절도, 성매매 등을 한다.

섹스의 대상들

포주의 탄생

성매매가 위험한 직업인 상황에서 성매매 여성들은 보호를 필요로
한다. 많은 성매매 여성들은 결국 그들을 관리·경영하고 보통은
착취하는 포주를 만나게 되어 있다. 하지만 항상 그랬던 것은 아니다.
매음굴이 최고로 호황을 누린 19세기에는 각 업소마다 소란이 일어날
경우 이를 정리해 줄 경비가 있었다. 포주는 처음엔 이런 이들이었다.
덩치만 크지 실권은 없는, 마담이 고용한 경호원들 말이다. 하지만
성매매 산업이 점점 지하경제로 숨어들면서, 포주들이 점점 우위를
점하게 되었고, 결국은 경영 윗선에까지 오르게 되었다.

유쾌한 것이 아니었다. 현재 우리는 돈을 위해 몸을 파는
여자들을 죄악시하거나 불쌍하고 비참한, 환경의 희생자 혹은
범죄자로 묘사하는 경향이 있다.

그렇다면 어쩌다 옛날 옛적의 유쾌한 창부는 타락한 여자로
전락해 버린 것일까? 그 원인은 19세기 중반에 일어난 성매매
산업 구조의 변화에서 찾을 수 있다. 대부분 여자들에 의해
운영되던 성매매 업소가 이 시기를 거치며 술집이나 희가극
극장, 댄스홀, 기괴한 것들을 전시하는 박물관 등 새로운 유흥
시설로 교체되었던 것이다. 여기서 성매매 여성들은 경찰과
정치가들이 눈감아 줄 경우에만 공개적으로 호객 행위를 할
수 있었다. 이런 새로운 유흥 시설들은 주로 남자들에 의해
운영되었고, 실제 성노동을 담당했던 여성들이 번 수입의
대부분은 이들에게로 흘러들어 갔다. 성매매 여성들이 착취
받는 희생자가 되는 현대적 형태의 성산업이 탄생한 것이다.

이처럼 부패한 곳에서, 세상에서 가장 오래된 직업 가운데
하나인 성매매는 마약이나 밀수, 주류 밀반입, 도박, 조직범죄,
강제 성매매, 보호료 갈취 등 불법적인 지하경제 활동들과
밀접하게 연루되기 시작했다. 이 모든 일들은 비밀스럽고,
뒤가 구린, 불법적인 활동들이었지만 시스템에 대한 통제력을
갖춘 남자들에겐 큰 이득이 되었다. 이런 범죄 활동들과
연루되면서 성노동은 부당한 비난을 받게 되었고, 법적
처벌은 대개 성매매 여성들에게만 내려졌다. 오늘날에도

거의 항상
체포돼
철창신세를
지는 쪽은
성을 구매한
남성이나 성매매
알선업자들이
아닌 성매매
여성들이다.

체포돼 감옥에 가는 것은 그들을 고용하고 착취하고 학대한 남자들이 아니라 거의 항상 성매매 여성들이다. 1993년 뉴욕 주에서 성매매와 관련된 체포 건수 중 83퍼센트가 호객 행위를 한 성매매 여성들이었고, 성 구매자를 처벌한 경우는 11퍼센트에 불과했으며, 성매매 알선 명목으로 처벌된 경우는 6퍼센트뿐이었다.

19세기 문학 역시 성매매 여성을 비하하거나 비난하는 데 한몫했다. 자극적이면서도 교훈적인 싸구려 통속 소설에 타락한 여성들이 등장하기 시작한 것이다. 요부 뱀파이어가 등장하는 1920년대 영화들이나 오늘날의 연속극들처럼, 이런 통속 소설들은 빅토리아 시대의 억압적인 관념과 변화하는 여성의 섹슈얼리티에 관한 관념들이 충돌하는 장소였고, 그 사이에서 착한 매춘부와 나쁜 매준부라는 상반된 고정관념들을 만들어 냈다.

살아남기 위해 몸을 팔 수밖에 없었던 가난한 소녀들은 연민의 대상으로 선한 매춘부가 될 수 있었는데, 그러기 위해선 자신을 진흙탕에서 구해 줄 남자를 만나 정숙한 아내나 어머니로 변신해야 했다. 이런 고정관념은 예나 지금이나 마찬가지인, 많은 여성들의 경제적 현실을 반영한 것이었다.

반면 쾌락이나 돈을 위해 몸을 팔기 시작했고 그만둘 생각이 없는 매춘부들은 나쁜 창녀들로 지옥에 떨어지는 수밖에 없었다.

네바다 주의 합법적 환락가
무스탕 랜치에서 일하던 성매매 여성들은
대다수가 가정이 있는 여자들이었다.

그들은 아이와 남편, 부모를 부양하기 위해 이 일을 했다.

이들 가운데 3분의 2는 스스로를 착실한 교회 신자라 생각했다.

네바다 주에서는 여자들이 인가받은 업소에서 합법적으로 성을 팔 수 있다. 몇몇 업소들에서는 성매매 여성이 이성애 커플에게 성매매를 하는 것도 가능하다. 또 소수지만 같은 여성을 상대로 성을 사고파는 것이 가능한 업소들도 있다.

그러나 남창의 성매매는, 이성애든 동성애든, 엄연히 불법이다.

통계적으로 19세기와 비교해 현재 성매매 여성들의 숫자는 훨씬 줄어들었지만, 우리 문화는 여전히 성매매 여성들에게 집착하고 있다. 이런 캐릭터에 특히 열광하는 집단은 바로 영화 제작자들과 그들의 영화를 보는 관객들이다. 매춘부를 연기한 유명 여배우들을 떠올려 보라. 〈버터필드 8〉의 엘리자베스 테일러나 〈세브린느〉의 카트린느 드뇌브, 〈콜 걸〉의 제인 폰다, 〈맥케이브와 밀러 부인〉의 줄리 크리스티, 〈택시 드라이버〉의 조디 포스터, 〈프리티 베이비〉의 브룩 쉴즈와 수전 서랜든, 〈귀여운 여인〉의 줄리아 로버츠, 〈라스베가스를 떠나며〉의 엘리자베스 슈, 〈물랑 루즈〉의 니콜 키드만 등 리스트는 끝이 보이지 않는다.

그러나 성매매 여성에 대한 할리우드의 묘사는 그다지 섬세하지 않다. 그들은 보통 '착한 창녀/나쁜 창녀'라는 퇴행적 공식을 공고히 한다. 즉 착한 창녀는 잘생긴데다가 부자인 남자를 만나 구원 받고, 나쁜 창녀들은 정신이 나가거나 알코올 의존증, 혹은 병에 걸려 최후를 맞이한다.

당사자의 관점에서 쓰인 성매매 여성들의 이야기는 더더욱 찾아보기 힘들다. 이 같은 이유로 메이플라워 마담 시드니 비들 배로우즈Sydney Biddle Barrows*나 비벌리힐스의 마담 하이디

* 수도 워싱턴에서 정치인이나 기업가를 상대로 황제 클럽이라는 고급 성매매 조직을 운영했다. '메이플라워 마담'은 그녀가 주로 워싱턴 메이플라워 호텔방에서 성매매를 알선했기 때문에 뉴욕 타임스 기자가 붙여 준 이름으로 나중에 자서전의 제목이 되었다.

섹스의 대상들

저는 그저 좀 밝히는 여자였을
뿐이에요. 못된 게 아니라.
못된 사람은 다른 사람들한테
상처 주고 나쁜 짓을 하는
사람이잖아요. 밝히는 여자는
아무도 해치지 않아요. 단지
재미를 좀 추구할 뿐이죠.

— 시드니 비들 배로우즈,
　　메이플라워 마담

각국의 높으신 분들이 저를
통해 고급 콜걸들을 찾았습니다.
여자들에게 둘러싸인 정치가
사진을 보면 개중 세 명은 제게
소속된 아가씨들이라 보시면 돼요.
— 하이디 플라이스, 비벌리힐스 마담

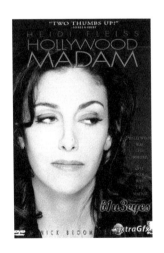

플라이스Heidi Fleiss* 같은 실제 성매매 여성들이 입을 열면 큰 화제가 된다. 얄궂은 것은, 전직 성매매 여성들이 이제는 자신들의 직업적 특기를 살려 전국의 정숙한 부인들과 미혼 여성들에게 섹스 테크닉을 전파하며 돈을 벌고 있다는 점이다.

오늘날 페미니스트들이 부딪힌 가장 큰 난관 중 하나는 이들 성매매 여성들과 이들의 성노동을 어떻게 보아야 할 것이냐의 문제다. 성매매는 여성에게 상처와 모멸감을 안겨 주는 행위인가, 아니면 여느 직업들과 같은 서비스직, 비즈니스라 봐야 할까?

우리가 보기에, 이 같은 성매매 논쟁에서 더 중요하게 생각해 봐야 할 문제가 있다. 섹스 산업이 엄청나게 발달돼 있고, 때와 장소를 가리지 않고 여성을 성적인 대상으로 환원해 버리는 문화에서는 대체 어디서부터를 성매매라 볼 수 있는 걸까? 가판대를 점령한 잡지들은 표지를 온통 여자들의 나체로 도배해 성을 팔고 있다. 그렇다면 이들은 과연 창녀인가? 탱크탑을 입고 훤히 드러난 가슴골을 마이크에 비벼 대는 젊은 여가수들 역시 성을 팔고 있는 것이다.

* 성매매 알선업자이자 칼럼니스트, 방송인이다. 그녀는 로스앤젤레스를 중심으로 성매매 조직을 운영해 흔히 '할리우드의 마담'이라는 별명을 가지고 있다. 1993년 성매매 알선 혐의로 체포되기 전까지 수많은 상류층 고객을 확보했고 엄청난 돈을 벌어들였다. 1995년부터는 방송에 출연하기 시작해 유명세를 탔다. 〈하이디 플라이스와 빅토리아 셀러스의 섹스에 관한 팁〉이라는 DVD를 발매했고, 『맥심』지에서 "하이디에게 물어 보세요"라는 코너를 운영하기도 했다.

그렇다면 이들은 창녀인가? 목소리 하나만으로 남자들을 달아오르게 만드는 폰섹스 걸들은 어떤가? 이들도 창녀인가? 호화로운 삶의 대가로 남편들에게 성적 즐거움을 선사하는 골드 디거나 트로피 와이프 들은 어떤가? 정부나 첩 노릇을 하는 여자들은 콜걸과 얼마나 다르다고 할 수 있을까?

돈을 벌기 위해 성을 이용하는 행위가 성매매가 되는 건 과연 어디서부터인가? 누군가 이 질문에 대답해 준다면, 게릴라걸스도 성매매 여성들에 관한 공식적 입장을 내놓을 수 있을 것이다.

여기 공짜로는 해주지 않는 여자들에 대한 다양한 고정관념들을 소개한다.

마담 자신도 처음에는 매춘부로 시작해 종국엔 성매매 업소나 중개업소를 차려 다른 성매매 여성들의 고용주가 된 여성 사업가. 150년 전의 뉴욕에 비해 오늘날 마담의 수는 현저히 감소했지만 마담에 관한 고정관념만은 여전하다. 그녀는 명석한 여성 사업가로, 아가씨들과 남자 고객들, 그리고 성매매 단속반까지도 마음대로 주무르는 심리학의 달인이자 광고 전문가다. 일정한 보수와 미리 선별된 고객, 그리고 무서운 마담 언니의 보호를 받는 업소의 성매매 여성들은 성노동자들 가운데 가장 높은 계층에 속한다. 마담은 그들의 삶을 통제하는 대신 그들에게 포주보다는 더 높은 임금과 더 나은 노동조건을 제공한다. 마담들은 또한 모든 성매매 여성들 가운데 가장 많이 배운 여자라 할 수 있는데, 그들은 잡히면 으레 책을 써내기 때문이다.

콜걸 알렉산더 그레이엄 벨이 무심코 창조해 낸 20세기형 고정관념. 전화의 발명으로 일부 성매매 여성들은 더 이상 거리를 활보하거나 업소에서 죽치고 있을 필요가 없어졌다. 콜걸에 대한 고정관념에 따르면, 이들은 호화로운 아파트에서 빈둥거리며 봉봉 사탕을 빨고, 손톱을 다듬거나 애견 시츄와 놀며 전화벨이 울리기를 기다리는 존재다. 실제로 대부분의 콜걸들은 학생, 모델, 배우 일을 겸하고 있다.

마음씨 고운 매춘부 착한 창녀. 빌리 와일더 감독의 1963년작 〈당신에게 오늘 밤을〉에서 셜리 맥클레인이 연기한 이르마 같은 여인으로, 귀엽고 남자를 잘 돌봐 주며 남자의 이야기를 잘 들어준다. 그녀는 고객에게 진심으로 애정과 관심을 쏟으며 남자들이 스스로를 특별하다고, 심지어는 사랑받고 있다고 착각하게 만든다. 아니면 남자들만 그렇다고

---

* '강한 여성 지배자', 보통은 (가학적인) 성행위에서 주도적인 역할을 하는 여자를 뜻한다. BDSM(Bondage and Discipline(BD), Dominance and Submission(DS), Sadism and Masochism(SM)의 합성어)을 하는 여자, BDSM에서 돔(도미넌트의 준말)의 여성 파트너를 가리킬 때도 있다.

생각하던가. 하지만 현실에서 그녀는 아마도 포주나 포주
비슷한 남자 친구에게 몸과 마음을 바치며 번 돈을 다 퍼주는
신세일 것이다.

도미나트릭스* 〔마조히즘을 즐기는〕고객이 섹스를 할 때
명령하고 고통을 가하는 역할을 해달라고 고용한 여성. 그녀는
가죽, 사슬, 채찍, 끈, 회초리 같은 온갖 고문 장비들을 갖고
나타나, 고객이 짜놓은 각본에 따라 그의 성적 쾌락을 위해 죄
많고 순종적인 남자에게 고통을 안겨 줄 준비가 되어 있다.
성매매 여성이 도미나트릭스의 정체성을 맡는 것은 일종의
일의 일부로, 고객의 요구에 따라 그 정체성을 버릴 수도
있다. 사도마조히즘만 하는 도미나트릭스 전문가들의 세계도
존재한다.

이들의 존재는 사회에서 권력을 가진 남자일수록
침대에서는 지배당하기를 원한다는 진부한 생각을 뒷받침해
준다. 아니면 반대로 사회에서 권력이라곤 거의 가질 수 없는
여성들이 채찍을 휘두름으로써 쾌감을 느끼는 걸까?

거리의 여자들 거리에서 호객 행위를 하는 여성들은 성매매
여성들 가운데서도 가장 저임금에 시달리는, 가장 낮은 계층에
있는 이들이다. 그녀는 사실상 거리를 지나가는 누구와도 잘
수 있기 때문에, 자신을 보호해 줄(그리고 아마도 학대할) 포주를

가장 필요로 한다. 또 마약에 중독되거나 에이즈에 걸릴
확률도 높다. 미니스커트나 망사 스타킹, 긴 부츠, 짙은 화장,
훤히 드러낸 가슴으로 사람들은 그녀의 직업을 짐작할 수
있다. 거리의 창녀는 성매매 여성에 대한 고정관념 가운데
가장 흔한 고정관념이기도 하지만, 실제 성매매 여성들 가운데
이들은 10~15퍼센트에 불과하다.

헤픈 여자, 걸레, 밝히는 여자 등등 창녀에 대한 대중문화의
애증 어린 관계는 최근 '창녀'를 의미하는 단어들이 창녀가
아닌 여성들을 비하하는 데 얼마나 자주 쓰이고 있는지를 보면
알 수 있다. 갈보ho, 걸레slut, 냄비broad, 색시wench 등의 말들은
모두 원래 창녀를 의미했는데, 이후 여성을 비하하고 폄하하는
일반적인 욕설이 되었다가, 최근에는 여자 친구를 가리키는
애칭으로까지 사용되고 있다(한국 남자들이 비슷한 맥락에서 여자
친구를 가리켜 사용하는 은어로는, 냄비, 깔, 깔치, 깔다구 등이 있다).
현대 거리 문화에서 남자들은 '포주'라 불리는 걸 자랑으로
여기기까지 하는데, 이는 그가 권력을 가진 선망의 대상이라는
뜻이기 때문이다. 게릴라걸스는 이런 창녀나 포주에 관한
말들이 도를 넘어섰다고 생각한다.

"오입질하다"to whore 혹은 "매춘하다"to prostitute 같은 동사들은 이제 자신의 신념을 저버리거나 스스로의 도덕에 반하는 일을 한다는 뜻까지 갖게 되었다. 이것만으로도 우리는 이 사회가 성매매에 대해 어떤 태도를 취하는지 알 수 있다.

〈버터필드 8〉(1960)에서 뉴욕의 고급 콜걸을 연기한 엘리자베스 테일러

애정의 대상

오늘날에는 섹시한 여자가 착한 여자다. 다음에서 이야기할
여자들은 남자들과 쉽게 자줄 것 같다는 이유로 사랑받는
여자들이다.

핀업걸 Pinup Girl

이 고정관념의 시초는 베티 그레이블(오른쪽 사진)이다.
육감적인 이웃집 소녀에 가까웠던 그녀는 늘씬한 다리
사진으로 제2차 세계대전에 참전한 미군들의 사기는 물론
(모두가 다 아는) 다른 부분까지 진작시켰다. 곧 전국의 소녀들이
너도나도 베티와 똑같은 포즈로 사진을 찍어 전선에 있는
남자 친구들에게 보내기 시작했다. 베티 이전에는 막
나가는 소녀들만 야하게 옷을 입고 사진을 찍었다. 나중에

〔『플레이보이』의 창립자〕휴 헤프너는 바로 이런 점에 착안해
백만장자가 되었다.

밤셸 Bombshell

〔폭탄선언이라는 뜻 외에도 '엄청나게 섹시한 금발 미녀'라는 뜻을 가진〕
밤셸은 진 할로우가 주연한 동명의 영화 캐릭터에서 비롯됐다.
영화에서 할로우는 스카우터의 눈에 띄어 하룻밤 새 할리우드
스타가 되어 버린 상냥한 이웃집 소녀를 연기했다. 그녀는 뭘
해도 모두의 이목을 집중시킬 만큼 아름답다. 사람들은 그녀가
스쳐 지나가기만 해도 그 아우라에 압도되어 얼어붙어 버린다.
밤셸은 금발이라 할지라도 멍청하지는 않은 캐릭터로 백치
금발 여성 캐릭터와는 다르다. 밤셸은 힘과 영향력, 그리고
숨 막히는 아름다움을 지닌 여성을 의미하기 때문에 이렇게
불리는 걸 마다할 여성은 없다〔우리로 치면 절색. 여신 미모 정도가 될
것 같다〕. 이런 캐릭터에 대한 언론과 미디어의 관심도 수그러든
적이 없다. 그러나 남자 슈퍼스타를 밤셸이라고 부르는
경우는 절대 없는데, 왜냐하면 그의 영향력은 우연히 누구에
의해 발탁돼 주어진 것이 아니라 원래부터 그가 가진 능력의
필연적이고 합당한 결과이기 때문이다.

섹스의 대상들

폭시 레이디 Foxy Lady

　'여우 같은 아가씨'를 의미하는 폭시 레이디는 1940년대에
흑인들이 사용하던 비속어로 아름다울 뿐만 아니라 도발적인
성적 매력을 가진 흑인 여성을 의미했다. 1960년대 지미
헨드릭스가 동명의 곡을 발표하면서 이 말이 크게 유행하게
됐다. 폭시 레이디는 성적인 고정관념들 가운데 유일하게
긍정적인 고정관념으로 이 호칭을 마다할 여성은 없을 것이다.
'섹스 키튼'Sex Kitten*처럼 여성을 우호적으로 동물에 비교하는
성적 용어들도 있긴 하지만 다음에서 살펴볼 것처럼 상스럽고
지저분한 것들이 훨씬 더 많다.

---

* 키튼은 '아기 고양이'를 가리키는데, 섹스 키튼은 보통 섹시하고 성적으로 개방적인 젊은
여성을 의미한다.

혐오의 대상: 짐승이 되어 버린 여자들

세상에는 여성을 동물에 비유해 비하하는 부정적인
고정관념들이 넘쳐 난다. 이런 말들은 여자들을 젖소나 고래,
개, 큰 사슴, 돼지(또 닭 등의 조류, 말, 여우, 고양이) 등에 비유한다.
이런 비유들은 보통 여성의 외모나 신체 사이즈에 기반한다.
전통적인 미의 기준에 부합하지 않는, 털이 북실북실한 정글의
강자 고릴라 가면을 쓰고 다니는 우리 게릴라걸스는 여성을
동물에 비유해 모욕하는 말들이 동물 혐오적이라고 생각한다.
우리는 모든 동물들이, 크기에 관계없이, 모든 여성들처럼,
제각각 아름답다고 믿는다.

속담의 기능은 어떤 대상이나 행위에 대한 금지, 경계, 교훈에 있다. 송재선의 『여성속담사전』(1995)에 의하면 이 책이 수집한 속담 5만5천여 구 가운데 여성과 관련된 속담은 5만여 구에 이르며, 남성 관련 속담은 여성 속담의 약 20퍼센트에 불과하다.

/ 한국

암탉이 울면 집안이 망한다.

고양이 덕은 알아도 며느리 덕은 모른다.

가재와 여자는 가는 방향을 모른다.

여우는 꼬리가 길고, 여자는 혀가 길다.

여자는 사흘만 안 때리면 여우가 된다.

개와 여자는 맞아야 길이 든다.

북어와 여자는 두드려야 부드러워진다.

계집과 말은 타봐야 안다.

/ 일본

고양이와 여자는 매질을 하지 않으면 살이 오른다.

/ 중국

아들 못 낳는 여자는 알 못 낳는 암탉과 같다.

암탉이 아침에 울면 집안과 나라가 망한다.

/ 독일

여자의 육체는 소고기보다 얻기 쉽다.

여자는 천사의 외모, 뱀의 마음, 당나귀의 오성을 갖고 있다.

여자가 많으면 말이 많고, 거위가 많으면 똥이 많다.

이런 속담들을 보면 동물보다 여자를 더 혐오했던 것 같다.

해주지 않는 여자

섹스 경험이 있는 여자들을 창녀, 헤픈 년 등으로 비하하는 것은 흔한 일이지만, 때로는 섹스를 하지 않는 여자가 되는 것이 더 최악일 때도 있다. 성욕에 좌우되는 현대사회에서는 섹스를 거부하는 여자들에게 뭔가 큰 문제가 있다고들 생각하기 때문이다. 이런 여자들 중에는, 조신한 척하며 스스로는 절대 나서지 않는 자의식 강한 내숭녀Prude도 있고, 남자들을 먼저 유혹하기는 하지만 절대 다 주지는 않는 어장 관리녀Cocktease도 있다. 또 매력적이긴 하지만 목석같은 철벽녀Ice Queen도 있고, 이성애적인 성관계를 감당할 수 없어 평생 게이들과만 어울리는 여자Fag Hag들도 있다.

안 하면 철벽녀가 되고,
하면 걸레가 되는 거지

— 영화 〈조찬클럽〉(1985) 중에서

하고
또 하는
여자

님포매니악Nymphomaniac, 줄여서 님포Nympho(색녀, 색정광)는
통제 불가능한 섹스 충동을 가진 여자를 말한다. 님포에 관한
고정관념은 그리스신화의 님프에서 온 것이다. 여기서 님프는
바람과 물 같은 자연 요소들이 의인화된 젊고 순결한 정령들을
가리키는 말로, 노래하고 춤추며 신들과 놀기 좋아하는
존재였다. 이처럼 18세기 전까지 님프는 젊고 아름답고
온화한 여성을 가리키는 말이었다. 하지만 여성의 소음순을
가리키는 과학적 명칭으로 사용하기 시작하면서 님포의
순결한 이미지는 완전히 무너졌다. 19세기에 이르러 님포는
무분별한 성생활을 즐기며 지속적인 관계를 맺지 못하는
여자를 뜻하게 되었다. 당시 사회는 여성들이 섹스를 즐기는

섹스의 대상들

존 윌리엄 워터하우스, 〈힐라스와 님프들〉(1896)

것은 금기시하고 평생 한 남자와 결혼 상태를 유지해야 한다고
생각했기 때문에, 님포는 일종의 정신질환자로 음핵 절제술과
같은 우악스러운 의학적 치료가 필요한 것으로 여겨졌다.

　　남자들은 쉽게 섹스를 할 수 있는 색녀를 사랑하지만,
한편으로는 만족을 모르는 그녀를 두려워하기도 한다. 물론
남자들에게 난잡함은 동네방네 떠벌릴 수 있는 자랑거리다.
2만 명의 여자들과 자봤다고 떠들고 다니는 프로 농구 선수
월트 체임벌린은 어떤가? 섹스를 멈추지 못하는 남자들을
가리켜 '섹스 중독자'라 하는 부정적인 고정관념이 생겨난
것은 아주 최근의 일이다. 이런 남자들은 미 정부 고위층에서
찾아볼 수 있다!

섹스의 대상들

고등학교의 걸레

『조숙한 소녀들: 십대 또래 집단과 '걸레'의 신화』*Fast Girls: Teenage Tribes and the Myth of the Slut*에서 지은이 에밀리 화이트는 고등학교에서 '걸레'라는 꼬리표가 붙었던 여자들을 인터뷰했다. 화이트는 많은 소녀들이 '걸레'라는 별명이 붙고 나서야 성적으로 난잡하게 행동하게 되었다는 사실을 발견했다. 이 소녀들의 생각은, 어차피 그런 꼬리표가 붙은 거, 부정해 봐야 별 수 없다는 것이었다. 왜 이 소녀들에게 이런 부당한 꼬리표가 붙게 된 것일까? 화이트에 따르면 이들은 보통 또래보다 발육이 좋아 가슴이 좀 일찍 부풀거나, 뭔가 남들과는 '다른', 그러니까 부자 학교의 가난한 애나 이민 온 지 얼마 안 된 학생들이었다.

로베르 브레송, 〈무세트〉 (1967)

여자와 하는 여자

　이 장에 이르러서야 마침내 우리는 여자들에 의한, 여자들을 위한, 여자들에 대한 몇 안 되는 고정관념들을 찾게 됐다. 이런 고정관념에는 다음과 같은 것들이 있다. 에이미–존Amy-John(레즈비언), 앤드로다이크Androdyke(양성적 레즈비언), 코페미네이터Cofeminator(급진적 페미니스트 레즈비언), 댄디셋Dandysette(레즈비언을 뜻하는 고어), 더치걸Dutch Girl(네덜란드계의 섹시한 금발 여자), 다이키사우루스Dykeasaurus(덩치가 큰 레즈비언), 페어리 레이디Fairy Lady(수동적 역할을 하는 레즈비언), 게이 레이디Gay Lady(레즈비언), 구즈 걸Goose Girl(파티를 좋아하는 여자), 히–쉬He-She(성별을 알 수 없는 사람), 레이디 러버Lady-Lover(사랑 많은 레이디), 레모네이드 레즈비언Lemonade(레모네이드맛을 좋아하는 레즈비언), 레스비프렌즈Les-Be-Friends(레즈비언은 아니지만 레즈비언처럼 행동하는 여자들), 레스비테리언Lesbyterian(종교 수준으로

레즈비언처럼 하고 다니는 레즈비언), 맨다이크Mandyke(쌍년처럼 행동하는
남자), 머펫Muffet(끝내주는 여자들의 집단), 러플Ruffle(여성스러운
레즈비언), 시스타걸Sistagirl(흑인 여성들이 서로를 부르는 애칭),
팅커벨Tinkerbell(남자를 유혹하는 걸 즐기는 귀여운 여자), 툿시Tootsie(진성
게이), 두 개의 영혼Two Spirit(남자와 여자를 한 몸에 가진 사람), 그리고
자미Zami(서인도제도 그레나다의 '레즈비언'을 뜻하는 말).[*]

 '레즈비언'Lesbian이나 '사피스트'Sapphist(여성 동성애자)라는
말의 기원은 기원전 7세기경 그리스 시인 사포 시절로 거슬러
올라간다. 당시 사포를 포함한 상류 계급 여성들에게는
결혼해서 아이를 낳아 가족의 대를 잇도록 해야 할 의무가
있었다. 이로 인해 사포는 많은 시간을 집에서 보내야 했지만,
이에 굴하지 않고 독특한 형식의 시를 쓰고, 자신을 추종하는
여성들과 모임을 가졌다. 사포는 그녀를 향한 추종자들의
애정에 다음과 같은 신부를 위한 송시나 사랑시를 써서
보답했다.

나는 그대 곁에 있는 그가 신과 동격이라 생각합니다.
그는 그대의 사랑스러운 목소리와
고혹적인 웃음을 가까이에서 들을 수 있기에.

[*] 흑인 레즈비언 작가 오드리 로드의 자전적 소설 『자미: 내 이름의 새로운 스펠링』Zami:
A New Spelling of My Name (1982)에 쓰이면서 미국에 알려지게 된 말이다. 작품에서 로드는
1950년대 서인도제도 그레나다 출신 이민자 가정의 뉴욕 생활을 묘사하며, 레즈비언이자
흑인 여성으로서 자신의 뿌리와 새로운 정체성을 점차 깨닫게 된다.

섹스의 대상들

"여자들과 했던 여자들." 사포(1), 연인인 로메인 브룩스가 그린 레이디 트루브리지(2), 여성 참정권운동의 동지이자 평생 파트너였던 1896년경의 수전 B. 앤서니와 에밀리 그로스(3), 19세기 셰이커교의 지도자였던 래베카 패롯(4), 시인 에드나 세인트 빈센트 밀레이(5), 작가 조라 닐 허스턴(6), 시인 아키코 요사노(7), 국회의원 바바라 조딘(8), 푸에르토리코 출신 운동가 안토니아 판토자(9).

내 젖가슴 뒤에 숨겨진 심장을 떨리게 합니다.

사포가 정말로 그녀의 추종자들과 연인 관계였는지는 중요하지 않다. 중요한 점은 한 여성이 다른 여성을 욕망할 수 있다는 위험한 가능성을 보여 주었다는 데 있다. 이것이 바로 서구에서 여성들과 연애하는 여자를 가리켜 사피스트Sapphist라고 불러 온 이유다. 그러나 19세기 말, 여자를 사랑하는 여자들이 늘어나는 현상을 설명할 말이 필요한 순간이 찾아왔을 때 정작 새로운 용어로 채택된 것은, 사포가 아닌 사포가 살았던 레스보스섬에서 함께 살았던 여성들, 즉 레즈비언Lesbian(레스보스섬 사람)이었다. 레즈비언 의식과 레즈비언 공동체가 탄생한, 동성애 역사에서 매우 중요한 순간이었다.

'감히 이름 붙이지 못했던 사랑'이 마침내 이름을 얻게 되자 여성 동성애자의 삶은 훨씬 더 복잡해졌다. '연애 같은 우정'이란 이름하에 중상류 계급 독신 여성들의 동거를 존중했던 19세기 후반과는 달리, 20세기에 들어오면서 이런 관계는 의심의 대상이 되었다. 사회과학자들과 의사들은 여성들이 단순히 남성 섹슈얼리티의 수동적인 배출구가 아니라 여성에게도 확실히 성욕이 있다는 사실을 깨달았다. 이와 더불어 이런 여자들이 분명히 침대에서 뭔가 수상쩍은 짓을 해왔다는 사실도 분명해졌다!

섹스의 대상들

지나치게 살갑게 굴거나 애정 표현이 과한 여자애들은 피하라.
나이가 적건 많건 다른 여자 친구와 자게 될 때는, 너무 달라붙어
자지 마라. 그리고 일단 잠자리에 들면, 혼자 자건 같이 자건,
침대는 수면을 위한 장소라는 사실을 기억하라. 침대에 누우면
최대한 빨리 잠들기 위해 노력하라.

— 어빙 D. 스타인하트, 『14세 이상 소녀들을 위한 열 가지 섹스 이야기』(1914)

여성 동성애는 성적 행위의 범주 가운데 하나로 분류되기 시작했고, 이를 범주화한 바로 그 '과학자들'에 의해 자연의 위대한 법칙에 반하는 범죄이자, 사회악, 질병으로 규정됐다. 수십 년 동안 심리학자들과 정신과 의사, 사회복지사, 그리고 의사 들은 레즈비언과 게이 들의 동성애를 '치료'하려 노력했다. 이런 경향은 미국심리학회가 1973년에 동성애를 정신병 범주에서 제외시키기 전까지 계속됐다.

지난 20세기 여자들과 자는 여자들의 역사는 해방과 관용의 움직임에 이어 잔인한 억압의 흐름이 엎치락뒤치락하는 이보 전진, 일보 후퇴의 양상을 보였다. 그 양상은 다음과 같다.

20세기 전환기에 여성들은 대규모로 대학에 진학하기 시작했다. 많은 여성들이 자립 생활이 가능해지면서 독신을 선택하는 경우가 늘어나게 되었고, 이런 여성들 가운데 일부는 동성 커플로 사는 길을 선택했다. 이들은 당시 상대적으로 여성에게 열려 있었던 교육이나 간호 같은 분야에서 조심스럽게 레즈비언 전문직 집단을 형성했다. 그리고 인간의 성적·창조적 자유를 고무한 '광란의 1920년대'Roaring Twenties, '할렘 르네상스'Harlem Renaissance 에서 레즈비언 아티스트들과 작가, 음악가 들은 핵심적인 역할을 담당했다. 그들은 대부분 음지에서 활동했지만 자기들끼리는 동성애자임을 드러냈다.

하지만 1929년 대공황을 계기로 여성들의 새로운 삶의 방식에 대한 보수적인 반격이 시작됐다. 느슨하고 자유분방한

블랙 앤 블루 앤 게이

1920, 30년대 할렘에서는 블루스 가수들로 이루어진 레즈비언 공동체가 왕성히 활동 중이었다. 그중에는 알베르타 헌터Alberta Hunter나 베시 스미스Bessie Smith 같이 적당히 신중한 태도를 보였던 이들도 있었지만, 에텔 워터스Ethel Waters나 마 레이니Ma Raiey, 하얀 턱시도를 입고 공연했던 글래디스 벤틀리Gladys Bentley(오른쪽 사진)처럼 대담하게 커밍아웃한 여가수들도 있었다. 마 레이니의 노래를 들어보자.

<내게 증명해 봐, 블루스>

어젯밤 외출했다 큰 싸움에 휘말렸네. / 상황이 점점 불리하게 돌아갔지. / 고개를 들자 놀랍게도 / 나와 함께 있던 그녀는 사라지고 없었네.

그녀는 대체 어디로 간 걸까, 나도 모르겠네. / 정말로 난 샅샅이 뒤져 보고 싶었어. / 사람들이 그러더군, 내가 더럽다고. / 그녀가 어디로 갔는지 도무지 알 길이 없어. / 난 온 세상이 알아 줬으면 좋겠어.

사람들은 내가 그 짓을 한다고 하지. / 아무도 직접 본 적은 없네. / 아무렴 내게 증거를 대 봐. / 어제 저녁 난 친구들과 함께 외출했어. / 물론 죄다 여자들이었어. / 왜냐하면 난 남자를 좋아하지 않으니까.

나는 남자처럼 옷을 입고 / 늙은이처럼 여자들에게 말을 걸지. / 왜냐하면 사람들은 내가 그 짓을 한다고 말하니까. / 그런데 누가 직접 본 적 있나. / 그러니 내게 증거를 대 봐.

플래퍼 스타일의 패션은 가고, 꽉 죄는 거들과 가슴을 올려
주는 브래지어의 시대가 다시 찾아왔다. 동성애가 선천적인
것인지 후천적인 것인지를 두고 논쟁을 벌이던 사회과학자들과
의학자들도 모든 동성애는 사회적 일탈이라는 점에서만은
합의를 이뤘다. 커밍아웃한 동성애자들은 불심검문이나
체포를 당해 감옥으로 직행하는 게 일반적이었고, 심지어는
정신병원으로 보내는 일도 있었다. 바이마르공화국 시기
독일에서는 게이들이 억압에 저항하며 최초로 정치 세력화하는
일도 있었지만, 1940년대 이들은 유태인과 정신장애인들과
함께 나치 홀로코스트의 희생자가 됐다.

하지만 제2차 세계대전은 레즈비언 정체성의 자각에
흥미로운 영향을 끼쳤다. 남자들이 모두 전쟁터로 나간
사이 후방에 남겨진 여성들은 서로를 위로하는 가운데
친밀한 관계를 형성했다. 어떤 이들은 남자들이 없는 동안
레즈비언으로 살았다. 군에 입대해 전쟁에 힘을 보탠
레즈비언들도 있었다. 그곳에서 그들은 하나의 공동체를
이루며 함께 살고 일할 수 있었다. 물론 외부 개입 없이 이
사실을 자기들끼리 비밀로 유지한 조건하에서 말이다.

전후 동성애자들은 남녀를 막론하고 미국 정부와 조셉
매카시 상원의원에 의해 전에 없는 박해의 대상이 되었다.
동성애자들은 공산주의자들처럼 전후 미국 사회에 엄청난 위험
요소로 여겨졌다. 게이들이 이용하는 술집들은 정기적으로

베를린의 보라색 심장

제2차 세계대전 직전 독일의 레즈비언과 게이 들은 자신들의 성적
취향을 공공연히 드러내며 정치적으로 조직화했다. 이 시기 한
술집에서 만들어진 노래로 인해 라벤더 꽃의 연보라색이 동성애자들의
연대를 나타내는 색이 되었다.

〈라벤더 노래〉(1920)

아르노 빌링(본명은 미샤 스폴리안스키) 작곡/ 쿠르트 슈바바흐 작사

누가 그들에게 신이 우리를 죄악이라 한다고 주장할 권리를 주었는가?
누가 그들에게 우리를 낙원에서 추방할 권리를 주었는가?
그들은 우리에게 죄책감과 수치심을 주어 지상에서의 우리 삶을
지옥으로 만드네.
그들은 저항하는 우리를 감옥에 가두고 사랑을 말하는 우리의 입을
틀어막네.
그러나 사랑을 박해하는 것이야말로 범죄이기에
이제부터 우리는 자랑스럽게 사랑하리.
우리는 기괴하고 다른 존재가 되는 것을 두려워하지 않네.
우리의 사랑으로 인해 지옥에 떨어진다면, 기꺼이 지옥에 가겠네.
꽉 막힌 그들은 똑같이 발맞춰 행진하는 법밖에 모르지만
우리는 춤을 추고 싶어.
우리가 낭만과 쾌락이 넘치는 세계를 본다면
그들이 볼 수 있는 것은 따분함뿐이지.
우리가 스스로의 모습에 솔직해질 수 있는 라벤더의 밤은
우리의 가장 위대한 보물이라네.

경찰의 급습을 받았고, 레즈비언들은 해코지를 당하거나 직업, 가정, 자녀를 잃을까 봐 두려움에 떨어야 했다.

그러나 다행히 상황은 반전되었다. 1960년대 성혁명과 1968년 스톤월 항쟁Stonewall Riots은 여성 동성애자들이 다시 일어서 자신들의 정체성을 천명하고 비밀로만 간직했던 이야기들을 꺼내 놓고 말할 수 있는 힘을 주었다. 그녀들은 자신들의 숨겨진 역사를 다시 쓰며 자부심을 갖게 되었다.

이제 상황은 어느 정도 역전되었다고 볼 수 있다. 이제 역겨움의 대상, 사회적 질병으로 여겨지는 것은 동성애가 아닌 호모포비아(동성애 공포증)이다! 한때 은둔하는 삶을 살며 내부자들에게만 자신의 정체성을 드러낼 수 있었던 레즈비언들은 오늘날 나이, 인종, 계급을 막론하고 존재하며, 과거의 고정관념들을 바꾸고 자신들만의 새로운 고정관념을 창조할 만큼 자유로워졌다.

심지어 부치와 펨에 관련된 고정관념마저 진화하고 있다. 오랫동안 레즈비언 문화의 핵심이었던 이런 양극성은 오늘날, 특히 레즈비언 페미니스트들에게, 이성애적 성역할 모델에 지나치게 의존한다는 점에서 비판받고 있다.

부치 Butch '문화적으로 남성적인 여성으로 규정되는' 레즈비언. 남자 옷을 입고 다니는 이들에서부터, 남성적이라 간주되는 직업 및 스포츠에 관심이 있거나 남자 같이 말하고 행동하는 이들에

섹스의 대상들

레즈비언 여군 색출 명령에 대한 어느 하사관의 대답

제2차 세계대전 당시 드와이트 아이젠하워 장군은 조니 펠프스
하사관에게 그녀가 담당하는 여군 부대에서 레즈비언들을 찾아
근절하라고 명령했다. 그러자 그녀는 이렇게 대답했다. "예, 장군님.
원하신다면 기꺼이 수사에 착수하겠습니다. 하지만 제 이름이
그 리스트에 제일 먼저 등록될 것이라는 사실을 지금 장군님께
말씀드려야겠습니다. 그리고 장군님께서는 모든 문서 관리원들과
부서 책임자들, 대부분의 지휘관들, 그리고 모든 수송 대원들을 즉시
교체하셔야 될 것이라는 것도 알고 계셔야 할 겁니다."
장군은 이렇게 대답했다. "명령은 못 들은 걸로 하게나."

조니 펠프스

이르기까지 의미는 다양하다. 격투기 혹은 총기에 관심을
보이는 이들도 있다. 성적으로 적극적일 수도 있고 아닐 수도
있다. '소프트 부치'Soft Butch나 '부치스러운 여자'Butchy Woman부터
가장 남성적인 부치인 '스톤 부치'Stone Butch까지 부치에는
다양한 스펙트럼이 존재한다. 때때로 스톤 부치들은 남성으로
여겨지기도 하고, 스스로를 자기만의 성별로 규정하기도 한다.
비슷한 말로 '디젤 다이크'Diesel Dyke라는 말이 있다. 수술을 통해
성전환을 하는 부치들도 있고 그렇지 않은 부치들도 있다.

역사 속에는 부치의 조건에 부합하는 남성 복장을 한 여성
성인들의 이야기가 많은데, 그중 가장 유명한 것은 잔다르크다.
그러나 사회사가들의 주장에 따르면, '부치'라는 말이 탄생한
것은 19세기 후반에 이르러서이다. 한 예로 보스턴 결혼의
구성원들이 부치는 아니었다. 그들은 여느 사교계 여성들처럼
차려 입고 편견의 시선은 거의 받지 않은 채 이성애적인 세계에
둘러싸여 살았다. (화가 로사 보뇌르Rosa Bonheur만은 예외였다. 그녀는
남장을 하고 그림 그리는 것을 좋아했는데, 이를 위해 경찰의 허락을 받아야 했다.
보뇌르는 사진을 찍을 때나 사교적 행사에서는 드레스를 입었지만 집에서는 남자
옷을 입었다.)

하지만 노동계급 여성들은 동성애 관계를 유지하며 살고
싶을 경우 스스로 돈을 벌어야만 했다. 그들이 생활 임금을 벌기
위해서는 남자들의 직업을 가지는 수밖에 없었다. 이를 위해
많은 이들이 고향을 떠나 남자로 가장한 삶을 살기도 했다. 이들

섹스의 대상들

2010년 뉴욕의 게이 프라이드 퍼레이드에 참여한 부치 앤 팸 소사이어티 회원들

중에는 군인으로 전장에서 활약한 이들도 있었고, 어떤 이들은 평생을 남성으로 살았다(이 책 186-189쪽 참조). 역사가들은 이런 여자들이 현대 부치들의 남성적 태도와 의복 스타일의 시초가 되었다고 말한다.

불다이크Bull Dyke, BD 분대거Boondager 혹은 불대거Bull Dagger에서 유래한 거칠고 공격적인 흑인 레즈비언을 가리키는 말로 아프리카계 미국인들이 쓰는 속어다. 베시 잭슨Bessie Jackson이 부른 〈B. D. 여자의 블루스〉B. D. Woman's Blues 같은 1920년대 블루스 가사에 자주 등장한다.

펨Femme 외모와 행동은 여성적이지만, 동성 파트너, 특히 부치를 선호하는 레즈비언을 가리킨다. 대표적으로 화장과 드레스, 하이힐을 즐기는 립스틱 레즈비언Lipstick Lesbian이나 하이 펨High Femmes을 들 수 있다.

플러프Fluff 아주 여성스러운 펨.

블러프Bluff 부치와 펨 역할을 모두 수행하는 레즈비언.

키키Kiki 부치도 펨도 아닌 레즈비언. 순수 부치나 펨들은 이들을 수상하게 본다.

섹스의 대상들

레즈비언 시크 스타일

1990년대 후반, 언론은 별안간 레즈비언들을 발굴해 멋있다고
추켜세우기 시작했다.

레즈비언 시크의
계절이 왔다

예쁜 여자들과
레즈비언
시크 스타일

오, 레즈비언 시크의 극치

출판계와 영화계 그리고 패션 산업은
레즈비언 시크 스타일을 용인했다.

별안간 왜 레즈비언들의 커밍아웃이 시작됐을까?

레즈비언 시크 스타일의 새로운 유행은 남성들의
오래된 성적 판타지에 불과해 보인다.

사진: 1993년 8월, 『배너티 페어』의 표지를 장식한 신디 크로퍼드와 K. D. 랭

여자에서 남자로

여성들에게 거의 아무런 권리가 없던 시대에는, 남자로 변신하는 데
성공할 경우 분명 특권을 누릴 수 있었다. 그것은 직업을 가질 자유,
재산을 소유할 수 있는 자유, 위협당하지 않고 거리를 활보할 자유,
여자를 사랑할 자유, 그리고 아버지가 될 자유를 의미했다. 발각될
경우 치욕을 겪고 모든 권리를 박탈당한 채 감옥에 가야 했지만
말이다. 역사 속에는 잔다르크에서부터 미국 남북전쟁에서 군인으로
싸웠던 수백 명의 여성들까지 남장을 한 여성들의 이야기가 넘쳐
난다. 그들이 남장을 한 이유는 각자의 배경만큼이나 다양하다. 이들
중 많은 이들은 스스로 레즈비언이라는 생각은 가져 본 적조차 없는
여성들이었다. 그리고 몇몇은 확실히 아니기도 했다. 몇 가지 흥미로운
이야기들을 들어 보자.

제임스 배리 James Barry는, 1865년 사망 이후에야 비로소 영국 최초의
'여성' 외과의였다는 사실이 밝혀졌다. 역사가들의 추측에 따르면,
아일랜드의 식료품점 주인의 딸이었던 배리는 여성 교육을 지지하는
일군의 귀족들의 후원을 받아 남성만이 입학할 수 있었던 에딘버러
의대에 입학할 수 있었던 것 같다. 이를 위해 그녀는 제임스 배리가
되었고, 나중엔 전 세계를 돌아다니며 의술을 펼치는 존경받는 의사가
되었다. 닥터 배리는 제왕절개수술에 성공한 가장 초기의 의사들
가운데 한 명이기도 했다. 배리는 인기가 많았고, 여자들도 그를 꽤
좋아했다. 얼마나 인기가 많았는지는 우리가 알 길이 없지만.

메리 필즈 Mary Fields, 1832~1914는, 메리라는 본명을 그대로 썼고
바지와 부츠 위에 치마를 입기도 했지만, 그녀의 삶에서 그 외의
모든 부분은 마초적이었다. 테네시에서 노예 생활을 하던 필즈는 이

섹스의 대상들

왼쪽 위부터
배리, 필즈, 카페틸로,
키위니에오, 팀턴.

일 저 일을 전전하다 카우보이의 고장으로 흘러들어 갔다. 그러다 어느 순간 역마차를 몰게 된 이후부터 역마차 메리라 불리게 되었다. 90킬로그램이라는 어마어마한 몸무게의 메리는 허리에 회전식 연발 권총을 차고 다녔고, 몬타나 캐스케이드의 술집에서 술을 마실 수 있도록 허가받은 유일한 여성이었다. 그녀는 누가 시비를 걸면 총을 들곤 하는 싸움꾼이기도 했지만, 그녀의 생일에 학교가 쉴 만큼 이웃과 동네 아이들로부터 사랑받는 존재였다.

루이자 카페틸로 Luisa Capetillo, 1879~1922는 사회주의자이자 노조 조직원, 작가, 페미니스트, 그리고 세 아이의 싱글맘이었다. 쿠바를 여행하던 중 체포될 만큼 논란이 되었던 그녀의 남장은 고향 푸에르토리코의 민요 속에서 영원히 기억되고 있다.

랠프 커위니에오 Ralph Kerwinieo의 본명은 코라 앤더슨Cora Anderson이었다. 아메리카 원주민이었던 랠프는 직접 차별과 종족 학살을 목격했다. 랠프는 남성으로 사는 길을 택했지만 페미니스트적인 면모도 갖추고 있었다. 그는 두 아내 중 한 명과 결혼할 때 그녀를 성차별적인 세상으로부터 보호하기 위해서라고 주장했다. 그는 1914년경, 다음과 같은 글을 남겼다. "세상은 남자들을 위한 곳이다. 아마도 미래에는 여자들도 자신의 몸과 영혼의 주인이 되는 시대가 올 것이다. 그러나 그 시대가 올 때까지 여성의 지위는 터무니없이 낮을 것이라는 사실을 우리는 잘 알고 있다. 귀하게 자란 여성은 기생충이며, 일을 해야만 하는 여성은 노예다. 당신은 이런 세계에서 내가 남자가 되고 싶어 한다고 날 비난할 수 있는가? 여자 옷을 다시는 입고 싶지 않은 나를 욕할 수 있겠는가?"

빌리 팁턴 Billy Tipton, 1914~1989은 오클라호마시티에서 도로시 팁턴으로 태어났다. 열아홉 살 때 재즈 밴드에서 색소폰 연주자가 되기 위해 빌리 리Billy Lee가 되었다. 빌리는 평생 남장을 한 채 살며, 다섯 번 결혼했고, 음악을 하다 나중에는 연예계 에이전트가 되었다. 일흔네 살을 일기로 사망한 뒤 비밀이 밝혀졌고 전국적인 뉴스가 되었다. 그의 아내들이 모두 이 비밀을 알고 있었는지는 분명치 않다. 그가 입양한 아이들에게 빌리는 그저 좋은 '아빠'였다.

그곳에 'L'이 있었다

소수자의 역사를 기술하는 것은 언제나 어려운 작업이지만, 한국에서 여성 동성애자, 즉 레즈비언의 역사를 말하는 것은 두 가지 점에서 더욱 어렵다. 첫째, 레즈비언들은 항상 존재해 왔음에도 불구하고 역사 기술에서 배제되어 왔기에 그들과 관련된 기록을 찾기가 쉽지 않다. 둘째, 레즈비언으로 자신을 정체화할 수 있을 만큼 다양한 사회적 언어가 존재하지 않았기 때문에 아예 존재 자체를 찾기 어려울 때가 있다. 하지만 이런 척박한 환경 속에서도 끊임없이 자신을 주장하며, 여자를 사랑하고, 그녀들을 기록하려 한 사람들이 있었다. 한국 퀴어아카이브 프로젝트 '퀴어락'(http://queerarchive.org)이나 '레즈비언 생애 기록 연구소'(http://blog.daum.net/lesbian2013), 그리고 이 글을 쓰는 데 많은 도움을 준 '끼리끼리' 활동가 한채윤, 이해솔의 글들이 바로 그렇다. 게릴라걸스가 더욱 새롭고 급진적인 여성들에 대한 고정관념을 만들자고 제안한 것처럼, 이제 시작 단계에 있는 한국 레즈비언 아카이브 구축을 위한 의미 있는 시도들이 한국 레즈비언사의 구멍을 채울 수 있기를 바란다.

/ 대왕 세종을 곤혹스럽게 했던 불온한 며느리

유교의 나라 조선에도 여전히 여자를 사랑한 불온한 여자들이 있
었으니, 『세종실록』은 세자빈 봉 씨가 "시녀와 종비 등이 사사로이
서로 좋아하고 동침하고 자리를 같이하는 풍습"을 본받아 궁녀들
과 동성애를 즐겨 "이와 같이 음탕할 줄 생각했겠는가"라고 기록하
고 있다(『세종실록』 4집 36면).

/ 1930년대, 위험한 자매애에 눈뜬 신여성들

서양에서 들어온 요상한 옷을 입고 학교에 다니던 신여성들은 서
로에 대해 새로운 감정을 발견하곤 했다. 그녀들은 서로를 '엑스 자
매', '사랑 자매', '동성애인'으로 부르며 다소 플라토닉하면서도 열
정적인 '사랑 미만, 우정 이상'의 관계를 맺었다(김이혜강, "신여성의
동성연애" 〈일다〉 2003/05/08). 당시 대중지 『별건곤』은 "여류 명사의
동성연애기"라는 다소 파격적인 제목으로 신여성의 학내 동성애
실태를 취재했는데, "어디를 가도 같이 가고 잠을 자도 한 이불 속
에서 자며 그 외 모든 것을 다 한 몸 한뜻과 같이 지냈습니다" 같은
내용이 실려 있었다(이덕요, 1930, "여류 명사의 동성연애기" 『별건곤』).

/ 1960년대, '여운회'를 아시나요?

'여자 운전자 모임'이라는 의미의 '여운회'는 택시 운전을 하는
여성들의 모임으로 1965년 창립되었다. 놀랍게도 여운회는 10대
에서 50대에 이르는 여성 동성애자들의 친목 단체였다. 여성들의

경제적 자립과 네트워크 형성을 목표로 했던 '여운회'의 회원 수는 1,200~1,300명에 이르렀고, 한 번 모임에 최소 70쌍의 동성 커플이 참석하기도 했다(전해성, 1993, "레즈비언 커뮤니티의 다양성" 『또 다른 세상』 3호; 한채윤, 1998, "설익은 레즈, 치마씨와 바지씨를 만나다" 『Buddy』 6호).

/ 1970년대, 명동을 활보한 언니들

1970년대 게이들의 집합소가 이태원이었다면 명동은 레즈비언들의 아지트였다. 1970년대 한국 최초 여성 전용 다방(이라 쓰고 'L바'라고 읽자) '샤넬'이 개업해 성업했다.

/ 1990년대, 세상 밖으로 나온 그녀들

1990년대에는 동성애에 대한 사회적 관심이 (좋은 쪽과 나쁜 쪽으로 모두) 폭발적으로 증가했다. 1993년, 한국 최초의 동성애자 모임 '초동회'가 결성되었으나 레즈비언과 게이 각각의 독자적인 운동의 필요성을 이유로 갈라져 1994년, 한국남성동성애자인권운동단체 '친구사이'와 한국여성동성애자인권운동모임 '끼리끼리'가 만들어졌다. 미디어의 동성애에 대한 관심도 증가해, 1995년 MBC 베스트극장에서 〈두 여자의 사랑〉이 방송됐고, 같은 해 외계인과 지구인의 사랑을 다룬 공포 드라마 〈별〉에서는 슈퍼 모델 이소라와 고소영이 키스를 나누는 파격적 장면이 엄청난 파장을 불러일으켰다. 한편 각종 시사 프로그램들도 동성애를 다루었는데, 〈송지나의 취재파일〉 "여자를 사랑하는 여자: 레즈비언편"에서 끼리끼리 활동가들이 대거 커밍아웃을 한 사건은 동성애 인권 운동에 하나의 획을 그었다.

/ 2000년대, 더 많은 목소리

2000년대 한국의 동성애 담론은 2000년 '제1회 퀴어문화축제'를 시작으로, 같은 해 9월 17일 『일간스포츠』의 홍석천 아웃팅 사건과, 열흘 뒤 열린 홍석천의 커밍아웃 기자회견을 기점으로 많은 변화가 있었다. 투명 인간이었던 동성애자들이 급박하게 사회적 쟁점으로 가시화되었고 수많은 저항과 연대를 낳았다.

또 2008년 18대 총선에서는 커밍아웃한 최현숙 진보신당 후보가 정치 일번지 종로에서 출사표를 던졌다. 종로 지역은 1970년대 레즈비언들의 집결지인 동시에 현재까지도 남성 동성애자들의 커뮤니티가 집결돼 있어 한국 성소수자들에게는 상징적이고 역사적인 지역이었다.

한편 2016년 서울대에서는 총학생회장 후보 김보미가 출사표를 던지며 커밍아웃했고, 연세대의 총여학생회장 후보 마태영 역시 성소수자 인권 모임 '컴투게더' 이력을 커밍아웃하며 학생 사회에 성소수자 인권 문제를 던졌다.

/ 지금, 문화를 전유한 그녀들

레즈비어니즘을 다양한 문화적 컨텐츠로 발전시키고자 하는 노력들 역시 2000년대 이후 증가하기 시작했다. 2004년에는 미국 TV 시리즈물 〈엘 워드〉L WORD가 한국에 상륙해 레즈비언 커뮤니티 내에서 폭발적 인기를 누렸다. 2005년에는 12명의 작가들이 모여 "레즈비언 전시회 작전 L"이라는 제목으로 레즈비언 미술 전시회를 열었다(http://kscrc.org/lesbianart). 2008년에는 레즈비언 라디오 "레주파"가 결성되어 지금까지도 꾸준히 방송 중이다(http://cafe.daum.net/lezupa). 공중파와 케이블에서도 이따금 레즈비언 소재를 다루기도 했는데, 레즈비언 클럽 빌리티스를 배경으로 세 명의 레즈비언 커플이 등장하는 KBS 드라마 스페셜 〈빌리티스의 딸들〉(2011)과 한국 드라마 사상 최초로 레즈비언 키스신을 방영한 〈선암여고 탐정단〉(2015) 등이 있다(후자의 경우 방영 후 몰려든 항의글로 시청자 게시판이 폐쇄됐다). TV와 함께 영화계 역시 이런 흐름에 발맞추고 있는데, 두 레즈비언을 주인공으로 한 박찬욱 감독의 〈아가씨〉, 현실적이고 소소한 레즈비언 연애사를 다룬 이현주 감독의 〈연애담〉 역시 레즈비언 컨텐츠의 예술적·상업적 가능성을 보여 주었다.

2017년, 이제 더욱 많은 L워드를 보고 싶다.

참고문헌

http://gall.dcinside.com/board/lists/?id=lgbt
http://cafe.naver.com/klccangminlove
http://m.blog.naver.com/dreamteller/220873526181
행동하는 성소수자인권연대 웹진(http://lgbtpride.tistory.com/1088)
이해솔, 1999, "한국 레즈비언 인권 운동사" 『한국여성인권운동사』, 한울.
이해솔, 2000, "동성애자의 정치 세력화는 언제나?" 웹진 <ttose> 6호.
한채윤, 2011, "한국 레즈비언 커뮤니티의 역사" 『진보평론』 49호.
http://queerarchive.org/
김병철, "한국 최초의 커밍아웃 성소수자 총학생회장 김보미 인터뷰" 〈허핑턴포스트〉(2015/12/28).
차배옥덕, 2000, 『백 년 전의 경고: 방한림전과 여성주의』, 아세아문화사.
양혜란, 1998, "고소설에 나타난 조선조 후기 사회의 성차별 의식 고찰: 방한림전을 중심으로" 『한국고전연구』 4권.

제10회 서울국제여성영화제 다큐멘터리 옥랑문화상 수상작
2008 서울독립영화제작지원사업 지원작

희망을 약속하는 선거 다큐멘터리

레즈비언 정치도전기

"우리는 같은 꿈을 꾸었습니다"

진보신당

2008년 18대 총선에 출마한 최현숙 진보신당 후보. 다큐멘터리 〈레즈비언 정치도전기〉
(2009) 포스터 사진.

여자와도
하고 남자와도 하는
여자

열심히 찾아봤지만, 양성애자에 대한 고정관념은 그다지
많시 않았디. 사실 유일하게 생각나는 것은 'LUG', 즉 '졸업
전까지만 레즈비언'Lesbian Until Graduation이다. LUG는 학교를
다닐 때까지는 여성들과 실험 삼아 사귀어 보다가 졸업 후에는
이성애적 관계로 돌아가는 여대생을 말한다. 양성애에 대한
고정관념이 흔치 않은 것은 아마도 양성애가 고정된 성적
정체성이라 볼 수 있는지 아니면 단순히 무엇을 선택할지 몰라
관망 중에 겪게 되는 과도기적 정체성인지 여전히 논쟁이
많기 때문일 것이다. 이 논쟁에 관한 우리의 입장은, 인간의
섹슈얼리티는 유동적이고 항상 변화한다는 것이다. 역사
속에는 이성애자, 동성애자, 그리고 양성애자를 막론하고 멋진
여성들이 넘쳐 나며, 이들의 삶은 모두 제대로 인정받아야 한다.

양성애자임을 선언한 사람들. 데이비드 보위, 안젤리나 졸리, 레이디 가가.

플로렌스 나이팅
게일/제마이마
아줌마/플래퍼/
카르멘 미란다/
마더 테레사/
도쿄 로즈/일꾼
로지/롤리타/
페미나치/
밸리걸/폭주족
아가씨

현실과
가상 속
고정관념이 된
여자들

실제 현실 속의 여성들이 고정관념이 되는 경우도 많다. 플로렌스 나이팅게일이나 마더 테레사처럼 어떤 여자들은 너무 모범적으로 살았기 때문에 고정관념이 되기도 하고, 도쿄 로즈처럼 너무 악명이 높아 고정관념이 되는 여자들도 있다. 플래퍼나 브래지어 태우는 페미니스트처럼 여성 집단이 고정관념이 되는 경우도 있다. 그런가 하면 롤리타처럼 작가들에 의해 창조된 고정관념도 있고, 제마이마 아줌마나 베티 크루커처럼 기업이 만들어 낸 고정관념도 있다. 이 장에서는 연대순으로 고정관념이 된 여성상들을 살펴보자.

플로렌스
나이팅게일

　고정관념에 따르면, 나이팅게일은 자기 삶을 환자들을
간호하는 데 바친 이타적 여성을 가리킨다. 실제 나이팅게일은
1820년 영국 상류층 가정에서 태어났다. 그녀의 아버지는
딸이 다른 여성들처럼 부유한 남자와 결혼해 살기를
바랐으면서도 교육은 제대로 시키는 실수를 저질렀다.
나이팅게일은 서른 살 때 오랜 기간 그녀를 기다려 온
구혼자를 거절하고 독신으로 살기로 결정했다. 그리고 그녀는
보건 의료를 개선하는 데 구세주적인 열정을 바쳤다. 당시
병원들은 군인이나 가난한 사람들만 다니는 비위생적이고
우중충한 곳이었다. 간호사들도 보통 전직 성매매 여성,
알코올의존증자, 범죄자 같은 하층계급 여성들이었다. 당연히
나이팅게일의 가족은 그녀의 결정을 완강히 반대했다.
그러자 나이팅게일은 짐을 싸들고 독일의 간호학교로 떠나

버렸다. 7년 후 다시 영국으로 돌아온 나이팅게일은 런던의 한 여성병원의 관리자로 임명됐다. 그녀는 위생과 현대 의학의 원칙에 입각해 간호사를 존경받는 직업으로 만들기 위해 꾸준히 활동했고, 얼마 지나지 않아 국제적인 영웅이 되었다.

1854년, 크림반도에서 전쟁이 터지자 나이팅게일은 야전병원 간호사로 자원했으나 곧 전체 간호 활동을 책임지게 되었다. 사실 그녀가 한 일은 간단했다. 더러운 병동을 청소할 빗자루 2백 개를 주문하고 환자들의 옷과 침대보를 세탁하도록 한 것이다. 나이팅게일은 온통 남성들뿐이었던 관리직 직원들과, 야간 회진 때 여전히 몸을 팔며 구습을 버리지 못하던 간호사들에게 가는 곳마다 싫은 소리를 해야 했다. 그러나 거의 성인에 가까웠던 대외적 이미지 덕분에 그녀는 기존 세력들을 물리칠 수 있었다. (그녀의 상류층 가족들도 도움이 됐다.) 그 결과 나이팅게일이 운영하는 병원에서는 사망률이 급격히 떨어졌다. 그녀는 권력을 가진 남자들을 다루는 방법과 새로운 구혼자들을 퇴짜 놓는 기술도 배웠다.

전후 영국에 돌아온 나이팅게일은 터키에서 걸린 박테리아 감염으로 추정되는 원인 불명의 질병으로 쓰러졌다. 그리고 후유증으로 인해 50여 년의 여생을 병자로 살아야 했다. 와병 중에도 나이팅게일은 영국 최초의 간호학교를 세웠고 오늘날까지도 쓰이는 간호 및 공공 의료에 관한 중요한 저작들을 집필했다.

현실과 가상 속 고정관념이 된 여자들

제마이마
아줌마

미국의 백인들은 제마이마 아줌마 하면, 후각을 자극하는 신선한 팬케이크 향과 배고픈 이들의 배를 채워 주지 못해 안달이 난 상냥하고 유쾌한 흑인 여성의 이미지를 떠올릴 것이다. 그러나 아프리카계 미국인들이 떠올리는 이미지는 다르다. 노예제가 진즉에 철폐되었다는 사실을 깨닫지 못한 채 여전히 백인들에게 굽실대는 무지한 흑인 여자 말이다. 제마이마 아줌마는 백인 기업가가 제품을 팔아먹기 위해 만들어 낸 모욕적이고 인종차별적인 고정관념이다. 미국 광고계에서 가장 오래 살아남은 캐릭터 가운데 하나인 제마이마 아줌마는 가장 논쟁적인 캐릭터이기도 하다. 그녀는 누구이며, 왜 아직도 살아남아 식료품점 선반 위에서 우리에게 팬케이크 가루를 사게 만드는 걸까?

제마이마 아줌마는 절대 실존 인물이 아니다. 그녀는

1890년대에 기업가 크리스 러트와 찰스 언더우드가 만들어 낸 가상의 인물이다. 그들은 즉석 팬케이크 가루라는 신제품을 팔기 위해 남부 흑인 유모에 대한 고정관념과 남북전쟁 이전의 남부에 대한 향수를 이용해 보기로 했다. 제마이마 '아줌마'Aunt라는 말에서 풍기는 친근한 뉘앙스는 일종의 기만으로 남부에서 흑인 노예 가정부를 낮춰 부르던 방식을 그대로 따온 것이다.* 러트와 언더우드는 흑인 분장쇼minstrel show**와 대중가요를 기반으로 제마이마 아줌마라는 캐릭터를 창조했다. 그들은 심지어 1894년 시카고 세계박람회에서 1834년 노예제하에서 태어난 낸시 그린이라는 흑인 여성을 고용해 수천 장의 팬케이크를 굽게 하기까지 했다. 박람회에서 굉장한 인기를 끈 그린은 회사와 제마이마 아줌마 캐릭터를 위해 "흑인 유모 모델"로 활동한다는 평생 계약을 맺었다.

1923년 그린 여사가 사망한 이후에도 최소 여섯 명 이상의 흑인 여성들이 제마이마 아줌마 역할로 고용되었다. 이들은 주 박람회 행사나 라디오, 텔레비전에 출연해 팬케이크를 구웠다. 이후 제마이마 아줌마 브랜드를 소유하게 된 퀘이커

---

* '아줌마, 아저씨'(Aunt, Uncle)는 어느 정도 나이를 먹은 흑인들에게 붙이던 최소한의 경칭으로 남부 백인들이 흑인에게 부인(여사)이나 씨(Mrs., Mr.) 같은 경칭을 사용하지 못하도록 금지했기 때문에 그 대신 사용하던 말이다.

** 백인이 흑인으로 분장해 흑인 사투리와 노래, 춤을 선보이며 아프리카계미국인들의 삶을 희화화한 코미디 쇼로 19세기 중후반 미국에서 유행했다.

현실과 가상 속 고정관념이 된 여자들

베티의 허풍

1936

1921년, 제너럴밀스(하겐다즈 등을 소유한 미국의 다국적 식품 기업)의 전신인 워시번크로스비(제분 회사)는 수많은 여성들로부터 제과에 대한 질문이 담긴 편지가 쏟아지자 베티 크로커라는 가상의 인물을 만들어 고객들의 편지에 답하도록 했다. 그녀의 공식적인 서명은 여직원들의 필체 견본들 중에서 채택됐고, 퇴임하는 한 임원의 성을 딴 '크로커'와 안정감을 주는 가정적 이름 '베티'를 합쳐 새로운 캐릭터가 탄생했다. 그리고 이 전략은 성공했다! 여성 고객들은 그들의 요리와 가사 문제를 해결해 줄 수 있는 베티라는 전문가가 실존한다고 믿었다. 1945년 설문조사에서 베티 크로커는 영부인 엘리너 루스벨트 다음으로 미국인들에게 사랑받는 여성이었다!

1980

베티는 2백 권이 넘는 요리책을 썼고, 수백 개의 라디오 프로그램에 출현했으며, 텔레비전에서 영화배우 그레이시 앨런에게 요리를 가르치기까지 했다. 자연스럽게(아니면 자연스럽지 않게도?) 모든 베티의 요리법에는 냉동 햄버거, 즉석 감자, 가짜 베이컨, 인공감미료 케이크, 에어로졸 설탕 장식, 전자레인지 팝콘 같은 제너럴밀스의 제품이 대거 포함되었다.

1986

한 세기가 지난 지금까지도 베티는 여전히 현직에서 활동 중이며(정말 기적 중의 기적이 아닐 수 없다) 심지어 그녀는 점점 더 젊어지고 있다! 1936년에 처음으로 소개된 베티는 회색 머리카락에 약간 나이가 느껴지는 다소 근엄한 얼굴을 하고 있었다. 그리고 나중에는 인종적 다양성을 반영한다는 명목으로 피부색과 머리색을 좀 더 짙은 색으로 바꿨다. 현재 그녀의 얼굴은 수많은 미국 여성들의 얼굴을 컴퓨터로 조합해 만들어 낸 결과물이다. 그것이 바로 우리 베티의 진실이다!

1996

오츠는, 세 명의 제마이마가 동시에 활동 중인 와중에도, 제마이마 아줌마가 실존 인물임을 믿도록 하기 위해 그녀에 관한 신화와 전설을 만들어 냈다. 이를 통해 제마이마 아줌마는 남편 모세 아저씨와 두 명의 자녀를 둔 어머니로 거듭났다. 만들어진 이야기 중에서 가장 터무니없는 부분은 "(남북전쟁 당시 남군 사령관이었던) 로버트 E. 리가 제마이마 아줌마의 오두막을 방문하는" 대목이다. 이 유명한 흑인 유모가 자신을 계속 노예로 부리기 위해 전쟁 중이던 남부연합 장교들을 응원하겠다며 맛있는 팬케이크를 한 상 차려 주었다는 것이다.

1916년부터 이어져 온 아프리카계 미국인들의 항의와 불매 운동에도 불구하고 제마이마 아줌마라는 브랜드 이름은 여전히 명맥을 유지하고 있다. 1930년대 초반에 이루어진 마케팅 설문 조사는 아프리카계 미국인 소비자들이 제마이마 아줌마 캐릭터를 얼마나 모욕적으로 생각하는지 보여 주었지만, 퀘이커 오츠는 이를 완전히 무시했다. 그리고 회사는 보수만 제대로 받는다면 제마이마 아줌마를 연기하겠다는 재능 있는 여배우와 모델 들을 계속해서 발굴해 냈다. 이는 흑인 여배우에게 주어지는 배역이 너무 한정적이기 때문이었다. (참고로 아프리카계 미국인 여성 최초로 아카데미 여우조연상을 받은 사람은 〈바람과 함께 사라지다〉에서 흑인 유모 역할을 했던 해티 맥대니얼이었다.)

1955년 디즈니랜드가 개장했을 때, 서부 개척 마을

현실과 가상 속 고정관념이 된 여자들

실제 제품은 아니지만,
1960년대 흑인 민권 운동 정신을 보여 주기에는 완벽한 작품이다.

존 오니에 로커드Jon Onye Lockard의 1967년작 〈이제 그만〉No More

테마파크에는 '제마이마 아줌마네'라는 레스토랑이
문을 열었다. 최소한 간판만 본다면 제마이마 아줌마가
마침내 사장이 되었다고 할 수 있다. 가게는 1970년에
이피*들이 〔자신들의 디즈니랜드 침공 계획을 공표한 전단지에서〕
테마파크에 몰려와 톰 소여와 대마초를 피우고, 팅커벨을
구출하고, 〔미국의 극좌익 흑인 과격 단체〕 '검은 표범'Balck Pathers을
불러 제마이마 아줌마네 팬케이크 가게에서 조찬 모임을
하겠다고 협박한 뒤 몇 년 못 가 문을 닫았다.

　1960년대 중반에 이르자 아프리카계 미국인을 가리켜
'두건 대가리'raghead나 '수건 머리'handkerchief head라 부르는 것은
모욕적 언사가 되었다. 제마이마 아줌마도 톰 아저씨와 더불어
백인의 이익에 봉사하는 흑인 변절자를 나타내는 욕설로 자리
잡았다. 수많은 항의에도 불구하고 퀘이커 오츠는 제마이마
아줌마라는 캐릭터를 포기하지 않았다. 대신 회사는 점차
그녀의 이미지를 교묘히 바꿔 나갔다. 마틴 루터 킹 목사가
암살당한 해인 1968년, 제마이마 아줌마의 이마에 두른
머릿수건은 머리띠로 바뀌었다. 그리고 갑자기 그녀는 더
날씬하고 젊은 여성이 되었다.

　1989년에는 머리띠도 사라졌고 제마이마 아줌마는 이제

---

* 청년국제당Youth International Party과 히피를 합성한 약어로 1968년 베트남전 반대 시위
를 계기로 생겨났으며, 히피와 비슷하지만 좀 더 전투적이고 정치적 색채가 강했다.

희끗희끗해진 머리칼을 드러냈다. 그리고 그녀는 귀걸이도 착용하기 시작했는데, 이 같은 제마이마 아줌마의 변화는 이제 그녀가 스스로를 위해 쓸 돈이 있는 워킹맘이라는 사실을 암시한다. 퀘이커 오츠는 워킹맘인 가수 글래디스 나이트까지 광고 모델로 기용했다. 퀘이커 오츠에게는 매년 3백만 달러에 달하는 연매출이 미국의 인종차별을 나타내는 상징물을 철폐하는 것보다 훨씬 더 중요했을 것이다. 이 때문에 우리는 여전히 상점에 가면 쌀을 든 벤 아저씨나 휘트크림 제품을 파는 라스터스, 그리고 그들과 나란히 진열된 제마이마 아줌마의 얼굴을 발견할 수 있는 것이다.

2002년 3월, 퀘이커 오츠의 제마이마 아줌마 브랜드는 전국흑인여성연합National Council of Negro Women에 10만 달러를 기부했다. 게릴라걸스는 작가 M. M. 맨링의 표현처럼 거의 1백 년 동안 제마이마 아줌마를 "상자 속의 노예"로 가둬 둔 데 대한 보상금으로는 새 발의 피라 생각한다.

플래퍼

수정헌법 19조가 여성에게 참정권을 부여하자 세상은
순식간에 아수라장이 되었다. 스스로를 플래퍼라고 칭하는
젊은 여성들이 대거 등장해 사회가 신성불가침이라고 여기던
전통적 여성의 역할을 과감히 폐기해 버리고는 새로운 현대적
라이프 스타일을 추구하기 시작한 것이다. 사회는 젤다
피츠제럴드, 이사도라 던컨, 조세핀 베이커, 루이스 브룩스 같은
통제 불능의 여자들을 플래퍼라 부르기 시작했다. 플래퍼는
오로지 여성들만이 동참한 20세기 최초의 청년운동이었다.

플래퍼라는 이름은 아마도 둥지 밖으로 날아오르기 위해
'퍼덕거리는'flap 아기 새에서 유래한 것으로 보인다. 1920년에서
대공황이 시작된 1929년 사이 플래퍼들은 삽시간에
들불처럼 퍼져 나갔다. 그들은 자신들만의 잡지를 창간했고,
플록스Flocks(새떼)라는 전국구 조직을 만들었으며, 자기들만의

현실과 가상 속 고정관념이 된 여자들

과거 여성들이 단지 아름다운 몸매를 위해서
20킬로그램이 넘는 코르셋에
몸을 끼워 맞춰야 했다는 걸 기억하는가?
플래퍼는 인간의 신체는 자연 그대로도 아름답다고 선언한다.
플래퍼는 인공적인 소품이나 갑옷을 믿지 않는다.

— 『플래퍼: 꼰대들은 사양함』(1922) 중에서 플래퍼 선언문

은어를 썼다. 또 선언문을 발표하고, 특별한 미인대회를
개최했으며, 지지자와 반대자들을 끌어들였다. 플래퍼들은
자신들의 반대 세력에게는 '슬래퍼'Slapper〔난잡한 여자〕라는
애칭을 붙여 주었다. 1922년 발간된 플래퍼 잡지는 이런 현상에
대해 다음과 같이 쓰고 있다. "프랑스혁명이나 러시아혁명,
아니 어쩌면 1776년 미국독립혁명보다 더 중요한 혁명이 지금
일어나고 있다. 우리 플래퍼들은 들고일어났고, 이로써 우리의
존재를 정당화했을 뿐만 아니라 생존을 보장받았다."

플래퍼들은 자신들만의 신념을 드러낸 패션으로 멀리서도
쉽게 눈에 띄었다. 긴 머리를 잘라 버린 플래퍼들은, 보브컷,
싱글컷 등 다양한 최신식 머리 스타일을 발명해 냈다. 또한
이들은 이전 시대의 길고 무거운 드레스를 벗어 버리고 가볍고
편안하며 실용적인 옷들을 입기 시작했다. 그녀의 어머니들을
기절시킬 만큼 몸을 조였던 허리받이Bustle나 코르셋Corset,
훼일본Whalebone을 벗어 버린 플래퍼들은, 여성의 실제 몸매를
과감히 드러내는 원피스 스텝인 란제리One-piece Step-in Lingerie를
입기 시작했다. 이것으로도 부족해 플래퍼들은 이전까지는
성매매 여성들이나 하던 화장을 하기 시작했다. 또 그들은
운동을 할 때도 속바지 같은 운동복을 착용했는데, 그제야
여성들은 자유롭게 몸을 움직일 수 있었다! 수영을 할 때는
원피스 수영복을 입었는데, 종종 이 때문에 체포되는 일도
있었다. 스타킹을 무릎까지 말아 내려 허벅지를 드러낸 채

현실과 가상 속 고정관념이 된 여자들

플래퍼들의 등장 전에는 깁슨 걸스가 있었다.

깁슨 걸스는 화가 찰스 데이너 깁슨이 아내인 아이린 깁슨과 당시
미국 여성들의 이상적인 이미지를 조합해 창조해 낸 여성 일러스트
캐릭터에 의해 크게 유행한 패션 스타일을 말한다. 깁슨 걸스는
1895년부터 플래퍼들이 등장하기 시작한 1920년대까지 여성성의
전형을 상징했다. 이들은 꽉 조이는 옷을 입고 얌전히 처신했지만, 당시
최신 발명품이었던 자전거를 타거나 골프를 치는 등 몇 가지 근대적
활동들을 시도하기도 했다.

다니는 이들도 있었고, 여름에는 햇볕에 탄 맨다리를 내놓고
다녀 충격을 주었다!

설상가상으로 플래퍼들은 부모의 허락도 보호자도 없이
자신들이 선택한 상대와 데이트를 즐겼다. 플래퍼들의 이
같은 자유연애는 현대 데이트 문화의 시초가 되었다. 그들은
공공장소에서 담배를 피우고 술을 마셨는데, 이전까지 이는
남자들만의 특권이었다. 찰스턴과 블랙 바텀Black Bottom 같은
춤을 추며 신나게 엉덩이를 흔들어 댔고, '페팅 파티'Petting
Party나 자동차 뒷좌석 같은 데서 애무와 키스를 즐겼다.
그중에서도 최악은, 결혼도 하기 전에 관계를 가지거나
동성끼리 관계를 갖는 것이었고, 어떤 플래퍼들은 집을 떠나
영원히 돌아오지 않았다!

얼마 지나지 않아 플래퍼 이미지는 나이를 불문하고
1920년대 최신 유행을 따르고 싶어 하는 모든 여성들에게
일종의 아이콘 같은 것이 되었다. 이 시기를 살았던 할머니나
증조할머니, 고조할머니가 있는 사람이라면, 자기 집안에서
처음으로 단발머리를 하고 담배를 피운 여성에 대한 이야기를
들을 수 있을 것이다.

플래퍼들은 결코 물러서지 않으며, 가만히 앉아 주어진
것에만 만족하지 않는 자유로운 여성들의 새로운 정신을 보여
주었다. 그녀들은 자신들의 권리를 스스로 쟁취했으며 그
권리를 사용하는 것을 두려워하지 않았고, 그러면서 재미까지

현실과 가상 속 고정관념이 된 여자들

챙겼다!

　대공황과 제2차 세계대전으로 플래퍼의 시대는 막을
내렸지만, 그래도 그녀들은 자기만의 길을 갔다.

"남자는 여자를 사람으로 대우치 아니하고 마치 하등동물과 같이
여긴다."

— 신여성선언 중에서

서양에 플래퍼가 있었다면, 1920년대 식민지 조선에는 '신여성',
'모던 걸'이 있었다. 신여성의 출현과 이들이 시도했던 새로운 문화
적 실험들은 유럽이나 미국과 같은 제국은 말할 것도 없고 한국, 중
국, 인도와 같은 식민지·반식민지 경험을 가진 나라에서도 공통으
로 나타난 현상이었다. 특히 식민지 조선의 경우 신여성은 일본 유
학 생활을 통해 배운 서양의 근대 문물을 가장 먼저 흡수한 엘리트
여성들로 근대성의 상징이 될 수밖에 없었다.

실제로는 전체 인구의 1퍼센트도 안 되는 소수집단이었지만
(1930년경 통계에 따르면 공립 보통학교의 남녀 비율은 5대 1, 고등보통학교와
여고보의 남녀 비율은 3대 1, 일본 유학생의 남녀 비율은 11대 1정도였다), 신
식 교육과 근대 문물의 세례를 받은 이들은 누구보다 눈에 띄는 존
재였다. 당시 잡지와 신문들은 이런 신여성들의 문화에 기민하게
반응했다. 썰은 치마(미니스커트)나 몸매를 드러내는 블라우스, 반짝

거리는 애나멜 구두 등 서양식 의복을 한 여자들에 대한 기사가 연일 지면을 장식했다. 신여성의 트레이드 마크였던 단발머리는 '신체발부 수지부모'를 부르짖는 조선 양반네들을 졸도 직전으로 몰아넣었고, 남성 지식인들도 이를 여성이 남성화되는 징조라며 혀를 찼다. 이들은 "사치와 허영에 물든 존재", "허물어진 초가집에서 나오는 양장한 여자"로 비판의 대상이 되기 일쑤였다.

/ 똑같이 배우고 싶다

"요사이 걸핏하면 이혼이니 무엇이니 하여 가정에 풍파가 끊일 날이 없는 것은 모두 여자 교육을 진심으로 요구하는 현상이다."

— 차미리사

이들이 받아들인 '근대적 삶'이 이런 물질적 측면에만 국한된 것은 아니었다. 이들에게는 이보다 더 중요한 꿈이 있었다. 제국의 모든 시민들과 마찬가지로 신여성들 역시 근대 물질문명을 동경했지만 그들이 무엇보다 원했던 것은 양성이 평등한 가정생활, 여성도 자기 일을 갖고 남성과 동등하게 대접 받으며 살 수 있는 사회였다. 이를 위해 가장 중요한 것은 '교육'이었다. 이들은 학교에 가고, 글을 쓰고, 그림을 그리고, 춤을 추면서 결혼과 육아로만 점철돼 있던 여자 인생에도 또 다른 길이 있음을 몸소 보여 주었다.

이에 대해 윤치호는 "기술 교육의 필요성"이란 글에서 이렇게 불평했다.

신학교 학생들은 요리하는 법을 모른다. 바느질하는 법도 모른다.

옷감을 자르고 빨고 다리미질하는 법도 모른다. 어떤 때엔 시어머니에도 순종하지 않는다. 대체로 집안 살림하는 법을 모른다.

이에 대해 당대의 신여성 하란사는 다음과 같은 반박문을 기고했다.

미국이나 유럽에서는 정규 고등학교 졸업생이 그저 요리나 바느질하는 법을 알게 되기를 바라지는 않고 있다는 사실만은 꼭 알아두어야 할 것입니다. 또 한 가지 알아야 할 사실은 그 학교들의 목적과 방향은 … 요리사나 간호원, 침모를 배출하는 것이 아니라는 점입니다.

/ 높은 이상, 비루한 현실

조선에서 낭만적 사랑의 관념을 처음 꿈꾸었던 이들도 바로 신여성들이었다. 얼굴도 모르고 식장에서 상대를 처음 만나 첫날밤을 치르던 시대에, 이들은 '자유연애'를 부르짖었다. 김일엽의 신정조론, 나혜석의 정조취미론("정조는 도덕도 법률도 아무것도 아니요, 오직 취미다"), 김명순의 "애정 없는 부부 생활은 매음"이라는 비판 등에서 알 수 있듯이 이들에게 자유연애란 근대적 사고의 근간이자 자기 삶의 자유를 찾기 위한 몸부림이었다. '문란한' 그녀들은 진정한 사랑과 연애를 통해 내 남자는 내가 선택할 자유를 얻고 행복을 찾고자 했다.

물론 이들에 대한 시선은 곱지 않았다. 신여성 누구누구가 몇 번째 서방을 갈아치웠다고 힐난하는 이야기가 신문의 가십난을 장식했고, 당시 법 제도 역시 차별적이었다. 민사상 유부녀가 간통을 하면 남편은 이혼 청구가 가능하지만 이혼 후 그녀는 간통한 사람과 혼인 신고를 할 수 없으며, 형사상 그녀는 1개월 이상 2년 이하의 징역에 처해졌다. 하지만 남자들은 혼인신고만 하지 않으면 얼마든지 축첩이 가능했다.

/ 구여성의 귀환

"에미를 원망치 말고 사회 제도와 도덕과 법률과 인습을 원망하라. 네 에미는 과도기의 선각자로 그 운명의 줄에 희생된 자였더니라."

— 나혜석

조선의 신여성이 극복해야 하는 난관은 이것만이 아니었다. 1930년대 후반, 일본은 본격적인 전쟁 준비를 시작하면서 '동양주의'의 기치를 내걸고 신여성과 모던 걸들을 서구의 앞잡이로 비판하며 구여성을 예찬하기 시작했다. 또 1920년대 신여성을 찬양하고 그들과 자유연애를 즐겼던 남성들 역시 이에 동조하며 구여성의 모성과 정조 관념을 예찬하기 시작했다. 이런 시대적 변화에 따라 신여성은 보수주의와 사회주의 양편의 공격을 받으며 사라져 갔고, 그 자리는 금세 현모양처론이 메워 버렸다.

참고문헌

"신여성, 사치와 허영의 낙인을 지워라"(『오마이뉴스』 2006/02/23).
김미지, "나의 이상하는 사랑은!", "그들은 왜 돌을 맞아야 했나", "혁명의 투혼으로 연애를 변혁하라"(『일다』 2004/09/12).

카르멘 미란다

실존 여성과 고정관념 중, 대체 뭐가 먼저일까? 카르멘 미란다〔1909~55〕는 출생 후 5년을 고향인 포르투갈에서, 그리고 마지막 15년을 미국에서 살았다. 하지만 세상 사람들에게 그녀는 항상 브라질 사람이었다. 그녀는 브라질 대중가요와 삼바를 유행시키며 브라질 음악에 새로운 색채를 더했다. 그녀의 트레이드마크와도 같았던 의상은, 나중에 할리우드에서 너무 심하게 과장되긴 했지만, 머리에 과일과 야채를 이고 다니며 팔던 북부 브라질 흑인 바이아나스 족의 전통 의상에 기반을 두고 있었다. 1939년경, 카르멘은 남아메리카 전역에서 사랑받는 스타였다. 이후 미국에서 거부하기 힘든 캐스팅 제안이 들어왔다. 이를 받아들여 미국으로 건너간 이후 죽기 전까지 그녀가 브라질을 방문한 건 단 두 차례뿐이었다.

바나나는 그녀의 비즈니스 수단이었을까?

그렇다면 카르멘 미란다는 게릴라걸이었음에 틀림없다.

미란다의 삶을 다룬 헬레나 솔버그의 다큐멘터리 〈카르멘 미란다:
바나나는 내 비즈니스죠〉Carmen Miranda: Bananas is My Business(1995)의 포스터

1940년대 초반 할리우드 연예계는 남아메리카풍의 화려한 뮤지컬 영화들을 쏟아 냈다. 아메리카 대륙 간 협력기구의 책임자 넬슨 록펠러와 CIA 영상부장 존 헤이 휘트니는 할리우드의 남아메리카풍 뮤지컬들이 세계대전 상황에서 남아메리카와 북아메리카의 우호적인 관계를 형성하는 데 도움이 된다고 보고 이를 적극 장려했다. 이런 뮤지컬들에서 남아메리카는 백인들만 사는 즐겁고 안정적인 곳으로 그려졌다.

　　이런 뮤지컬 영화들을 통해 카르멘은, 앵글로 색슨 백인 문화에서나 통용될 수 있는 이국적인 라틴성을 나타내는 진부한 상징이 되었다. 그녀의 이미지는 온통 과장으로 넘쳐 났다. 그녀의 터번은 매번 최고 높이를 갱신하며 전설이 되었고, 발끝이 보이는 통굽 신발 또한 마찬가지였다. 그녀의 페전트 스커트〔농부들이 애용하는 헐렁하고 소박한 느낌의 개더 스커트〕에는 스팽글과 반짝이가 가득 박혀 있었다. 그녀는 항상 성마른 라틴계 여자를 최대한 과장되게 연기했다. 1945년경 카르멘 미란다는 쇼 비즈니스계에서 가장 높은 보수를 받는 여자였다.

　　그녀의 영화에 열광한 미국 사람들과 달리 남아메리카 사람들은 영화 속 그녀의 모습이 피상적이고 모욕적이라 느꼈다.〔그녀가 출연한 코미디 영화〕〈아르헨티나로 가는 길〉Down Argentine Way은 아르헨티나에서 상영 금지 처분을 받을

　　현실과 가상 속 고정관념이 된 여자들

카르멘 미란다의 자기 패러디 노래

나 디애나 더빈*처럼 머리 하고 싶어요
근데 나 터번 써야 해요
터번 무게는 2,464킬로그램.
그리고 저 미친 가운도 입어야 해요!

나 일주일에 일만 달러 벌어요.
그래서 제가 행복하냐고요?
물론 행복하죠.

하지만 일을 그만둔다 해도
그것도 괜찮아요.
내가 잉그리드 버본**보다 나아요.
왜냐하면 나는 집에 앉아서
내 터번을 먹으면 되걸랑요.

* 아역 스타 출신으로 1930, 40년대를 풍미한 영화배우이자 가수. 뮤지컬 영화에서 '이웃집 소녀' 역할로 인기를 얻었으나 본인은 이에 불만을 느끼고 일찌감치 은퇴를 선언했다.

** 잉그리드 버그만을 잘못 발음한 것이다. 카르멘 미란다의 엉터리 영어를 흉내 낸 이 노래 가사는 전체적으로 철자가 모두 엉망이지만, 번역에서는 살리지 않았다.

정도였다. 브라질 사람들은, 카르멘이 마치 브라질 대표라도 되는 듯이 행동하지만, 실상 그녀의 음악은 브라질 삼바와 카리브해 지역의 룸바를 섞어 놓은 것이라며 불쾌해했다. 또 어떤 이들은 카르멘이 고향에서 진정한 예술가가 되기보다, 미국에서 일차원적인 캐릭터로 성공해 돈을 버는 길을 택한 것은 망신스러운 일이라 생각했다.

비록 그녀의 공적인 모습은 언제나 낙관적이었지만 라틴계 섹시 미녀의 말로는 비극적이었다. 그녀가 마지막으로 맡았던 역할은, 일종의 자기 패러디로 입 모양만 벙긋거리며 과거 자신이 맡았던 역할들을 조롱하는 것이었다. 대사는 그녀가 초기에 구사했던 엉터리 영어 그대로였다. 이젠 더 이상 그녀가 그런 식으로 말하는 법이 없었는데도 말이다.

살인적인 스케줄에 밀려 건강에 신경을 쓰지 못한 카르멘 미란다는 1955년 지미 듀랜트 쇼에 출연하던 도중 쓰러져 다음날 바로 사망했다. 사망 후에야 그녀는 다시 브라질 사람이 되었다. 브라질 리우에서 치러진 그녀의 장례식에는 수천 명의 사람들이 참석했다. 그녀의 무덤은 오늘날까지도 팬들의 발걸음이 끊이지 않는 명소다. 리우의 카니발에서는 여전히 카르멘 미란다의 스타일을 모방해 과일로 장식한 축제 의상을 입은 드랙 퀸들을 만날 수 있다.

카르멘 미란다가 브라질에 남았다면 어떻게 됐을까? 그녀의 재능과 열정은 의심할 바가 없으니 어디에서건 스타가

되긴 했을 것이다. 그러나 만약 그녀가 이국적인 '타자'가
아닌 진정한 일류로 남았다면 종국엔 어떤 종류의 예술가가
되었을까?

마더 테레사

마더 테레사는 아그네스 곤자 보야지우Agnes Gonxha
Bojaxhiu라는 이름으로 1910년 유고슬라비아에서 태어났다.
그녀는 열두 살 때부터 자신이 가난한 이들을 도와야 할
사명을 타고났다고 믿었다. 열여덟 살에 아일랜드 수녀회에
들어갔고, 이후 인도 캘커타로 선교를 갔다. 처음에는 학교
선생님으로 일하다 나중에 집 없는 아이들을 위해 학교와
병원을 세웠다. 1997년 생을 마감할 즈음에는 세계 전역의
그녀가 세운 병원들에서 수백 명의 의사와 간호사, 사회복지사
들이 일하고 있었다. 마더 테레사는 사람들로 하여금
선행에 헌신하도록 하는 데 끊임없는 영감의 원천이 되었다.
노벨평화상과 미대통령자유훈장을 수상한 그녀는 살아 숨
쉬는 성녀였다. 사망과 동시에 그녀를 성인으로 추대하고자
하는 움직임이 일었다. 그녀의 이름은 자기희생의 상징이

되었다.

이 모든 것이 마더 테레사에 대한 고정관념이다. 하지만
이런 모습 뒤에는 마더 테레사의 다른 모습도 숨겨져 있다.
마더 테레사는 예방보다 치료에 더 관심을 보였다. 그녀는 전
세계 수많은 아이들의 삶에 영향을 미치는 참담한 빈곤 상황에
대해서는 비판의 목소리를 높였지만, 피임에는 반대했다.
그녀는 노벨평화상 수락 연설에서 낙태와 피임을 세계 평화에
대한 가장 큰 위협이라고 말했다. "아무리 많아도 좋은 꽃이나
별처럼, 아무리 낳아도 부족한 존재가 아기들"이라는 것이
그녀의 신념이었다.

그녀에겐 상과 기부도 많으면 많을수록 좋은 것이었다. 마더
테레사는 누가 돈을 주든 마다하지 않았다. 아이티의 독재자
파파독 뒤발리에가 마더 테레사에게 상을 주겠다고 하자
그녀는 아이티에 가난을 가져온 그의 부패한 정권을 비난하는
대신에 그를 가난한 자를 사랑하는 사람이라 칭송했다.

마더 테레사는 또 미국의 저축은행 예금주들에게서 수백만
달러의 돈을 횡령한 찰스 키팅으로부터도 140만 달러를 기부
받았다. 법원은 그녀에게 기부금을 돌려주라고 명령했지만
그녀는 이를 무시했다. 키팅에게 평생 모아 온 돈을 뜯긴
피해자들 가운데는 인도인들처럼 경제적 빈곤으로 고통 받고,
심지어 아기를 포기해야 하는 상황에 이른 사람들도 있었을
것이다.

현실과 가상 속 고정관념이 된 여자들

그녀가 전문가를 자처했던 또 다른 사회 문제는 바로 사랑과 결혼이었다. 그녀가 살던 인도로부터 수천 마일이나 떨어진 아일랜드에서 1995년 이혼에 관한 국민투표가 진행될 때, 마더 테레사는 이혼을 반대하는 쪽에 투표하라고 충고했다. 그러나 그녀는 이런 자신의 정설을 배반하며 친한 친구인 다이애너 왕세자비의 이혼 소식에 대해서는 안도감을 표했다.

도쿄 로즈

도쿄 로즈는 자신의 성적 매력을 이용해 사람들을 구슬리고 배신하는 사악한 여자 반역자로, 그녀에 관한 고정관념은 1916년 7월 4일 미국에서 태어난 아이바 이쿠코 도구리Iva Ikuko Toguri의 비극적 이야기에서 탄생했다.

일본인 이민자 가정 출신의 아이바는 UCLA를 졸업하고 친척 병문안을 위해 가족 대표로 일본을 찾았다. 그때가 하필 1941년. 미국과 일본 사이에 전쟁이 터지자 미국 시민이었던 그녀는 하룻밤 사이에 말도 통하지 않는 나라에 갇힌 적국인 신세가 되어 있었다. 친척들마저 그녀와 엮이길 원치 않았다. 〔일본의 온갖 회유와 탄압에도 미국 국적을 포기하지 않아 연합군 포로 신세로 전락한〕 그녀는 〔생계를 위해〕 라디오 도쿄〔일본의 라디오 선전 방송〕에서 타이피스트 일을 하기 시작했다. 그녀는 당시 오스트레일리아 출신 전쟁 포로로 일본의 선전문을 작성하는

역할을 맡고 있던 찰스 쿠센스의 눈에 띄었다. 쿠센스는
아이바의 단호하고 섹시한 목소리가 새로운 라디오쇼에 딱 맞을
거라 생각했다.

그렇게 아이바는 일요일 저녁 남태평양 전역에 방송되는
〈0시〉Zero Hour라는 주간 라디오 프로그램을 진행하게 되었다.
아이바 외에도 영어를 할 줄 아는 십여 명의 여성들이 가명으로
프로그램에 출연했다. 아이바는 가족과 떨어져 일본에 고립된
자신의 상황을 반영한 고아 앤이라는 가명을 썼다. 도쿄
로즈라는 가명을 쓴 사람은 아무도 없었다. 도쿄 로즈는 나중에
미디어가 〔라디오 도쿄에서 선전 방송을 하던 여성 진행자들을 가리켜〕
지어낸 말이었다.

고아 앤의 방송 멘트는 이런 식이었다. "모두 잘 있었나요?
당신의 최고 적수이자 절친한 친구인, 라디오 도쿄의 고아
앤입니다. 오늘도 살인적인 더위네요. 조국에서조차 버림받은
불쌍한 육, 해, 공군 여러분 모두 아름다운 일본 열대섬에서
마음껏 휴가를 즐기고 계신가요? 때로는 견디기 힘들 만큼
덥기도 하죠? 그럴 땐 여러분, 이것만 기억하세요. 당신이
외딴 섬에서 땀 흘리고 있는 동안, 고국의 당신 여자 친구는
어느 놈팡이와 뜨거운 시간을 보내고 있을 거라는 걸요. 바로
지금 여자 친구가 이 곡에 맞춰 그 놈과 춤을 추고 있을지도
모르겠네요. 한때는 당신과 함께 들었을 그 노래요. 기억나죠?"
그리고는 베니 굿맨이나 글렌 밀러의 노래를 틀어 주곤 했다.

현실과 가상 속 고정관념이 된 여자들

이는 미군의 사기를 꺾기 위한 전략이었다. 그러나 연합군 사령관들은 오히려 이 방송이, 동기 부여를 위해 훈련생들에게 욕설을 퍼붓는 훈련 교관들처럼, 미군 포로들의 사기를 진작시키고 투지를 불러일으키는 효과가 있다고 생각했다. 전쟁이 끝난 뒤 연합군 장군들은 아이바에게 표창을 줬는데, 이는 특히 그녀가 미국 시민권을 포기하지 않았기 때문이었다.

그러나 미국 정부는 전혀 다른 견해를 가지고 있었다. 그들은 전후 아이바를 일본에 12개월 동안 감금해 두었다. 1948년, 그녀는 미국으로 돌아가고 싶어 했지만, 미국에서는 월터 윈첼(도쿄 로즈 이야기를 전국적인 뉴스로 만든 언론인)의 주도 아래 그녀를 사형시켜야 한다는 여론이 형성됐고, 미재향군인회와 '황금 서부의 아들딸', 그리고 로스앤젤레스 시의회는 공식적으로 그녀의 귀환을 반대했다. 그들은 아이바의 존재가 그녀의 부모님을 포함해 포로수용소에서 막 귀환한 다른 재미 일본인들을 자극할까 봐 두려워했다. (그녀는 재판을 위해 1949년, 미국으로 송환됐지만) 남편의 입국은 허락되지 않았다. 게다가 이 부부는 (일본에 있던 당시) 자신들의 아이까지 잃었다. 언론은 그녀에게 '도쿄 로즈'라는 꼬리표를 달아 주었고 그것이 그녀의 이름이 되었다.

실질적인 증거는 거의 없었음에도 불구하고 아이바는 재판에 넘겨졌다. 1948년 열린 아이바의 재판은 매스컴들의 잔치가 되었고 방송사는 50만 달러의 이득을 챙겼다.

〔교착상태에 이른 배심원단은 판결을 내리기가 불가능하다며 판사에게 배심원단 해산을 요청했지만〕 판사는 배심원단의 요구를 기각하고 〔결론이 날 때까지 숙고할 것을 명령했다. 3개월 후〕 배심원들도 결국 아이바가 유죄라는 결론에 이르렀다. 아이바 도구리는 미국에서 반역죄로 기소된 최초의 여성이 되었다. 그녀는 십년 형을 선고받았고 6년을 복역한 뒤 모범수로 1956년, 석방됐다. 그녀와 같은 라디오 방송에 참여한 사람들 가운데 그 누구도 투옥되거나 기소된 경우는 없었다.

1974년, 기자들이 정부가 재판에서 아이바에게 불리한 증언을 한 결정적 증인 두 명에게 지시와 협박을 했다는 증거를 찾아냈다. 이후 포드 대통령은 그녀에게 무조건적 사면을 내렸다. 악명 높은 도쿄 로즈는 그 이후로 가족이 운영하는 시카고의 한 선물 가게에서 일하며 조용히 살고 있다.

우리는 할리우드가 그녀의 이야기를 사서 영화로 만들어야 한다고 생각한다. '하노이의 제인'이라고 불린 제인 폰다*처럼 전쟁 중 마녀 사냥의 대상이 됐던 여성이 제작을 맡는 건 어떨까?

---

* 제인 폰다는 여배우로도 한 시대를 풍미했지만 진보적 정치 활동에도 깊이 관여했다. 특히 베트남전 기간 동안 적극적으로 반전운동에 참여해 '하노이의 제인'이라는 별명을 얻었다. 당시 제인 폰다는 철모를 쓰고 베트남군과 함께 대공포 전차에 앉아 미군기를 향해 사격을 하는 듯한 포즈로 사진을 찍어 엄청난 논란을 불러일으켰다. 최근에는 이라크 전쟁과 여성에 대한 폭력에 반대하는 활동도 하고 있다.

현실과 가상 속 고정관념이 된 여자들

일꾼 로지

전쟁은 보통 상황을 우습게 바꿔 놓으며, 대부분은 최악의
결과를 낳는 경우가 많다. 하지만 제2차 세계대전이 나은 결과
하나만은 미국의 여성 노동자들에게 영원히 긍정적인 변화를
가져왔다.

전 세계가 총력전 상태에 접어들면서 사지가 멀쩡한 젊은
남자들은 모두가 군에 징집 당했다. 하룻밤 새 남자들이
채우고 있던 일자리는 공백 상태가 되어 버렸고, 남은
일꾼이라곤 여자들밖에 없었다. 많은 여성들이 안전모와
작업복을 갖춰 입고 전함을 용접하고 비행기 날개를 붙이면서
후방에서 군의 그림자로 일하기 시작했다. 전시 기간 동안,
남성 우월론자들은 여성들이 이전까지는 금녀의 구역이었던
곳에서 일하는 광경을 잠자코 지켜봐야만 했다. 그러고 나서는
어떻게 됐을까? 여자들은 이전의 남자들 못지않게 열심히

현실과 가상 속 고정관념이 된 여자들

노먼 록웰이 그린 일꾼 로지(1943)

일했고, 어떤 일들은 심지어 더 잘하기까지 했다! 남자들보다
더 작은 체구를 가진 여자들은 더 좁고 구석진 곳에서도
작업이 가능했던 것이다. 그들은 금녀의 구역이었던 건설이나
산업 현장에서 여자도 충분히 일할 능력이 있다는 것을
증명했다.

전쟁 물자를 조달하기 위해 7백만 명 이상의 여성
노동자들이 전통적인 성역할에서 탈피해 공장에서 일하기
시작했다. 이들은 1942년 케이 카이저Kay Kyser의 노래
〈일꾼(리벳공) 로지〉Rosie the Riveter에서 이름을 따온 새로운
여성상을 대표하는 고정관념이 되었다. 이 노래는 (함상 전투기를
만들던) 롱아일랜드 출신 여성 노동자 로절린드 월터에게
바치는 노래였다. 노래의 인기에 덩달아 로지 캐릭터도 크게
유행했고, 이후 전쟁 선전기구에 의해 더욱 유명해졌다.
1943년, 두 명의 삽화가 덕분에 로지는 얼굴을 갖게 됐다.
두 사람 모두 군수공장에서 일하던 실제 노동자를 모델로
삼았는데, 우연히도 이름이 모두 로즈였다. 먼저 화가 J.
하워드 밀러의 모델이 된 로즈 보나비타 히키는 제너럴모터스
동부 항공부 소속으로 6시간 만에 어뢰 폭격기에 3,345개의
대갈못rivet을 박는 기록을 세운 여성이었다. 노먼 록웰의 모델
로지는 미시건 주 입실랜티의 윌로우런 비행기 공장에서
일하던 로즈 윌 먼로라는 여성이었다. 영화감독 월터 피전은
전시 채권을 홍보하는 정부 영화에 캐스팅할 배우를 찾던 중

현실과 가상 속 고정관념이 된 여자들

〈일꾼 로지〉

래드 에번스, 존 제이컵 롭 작사·작곡

눈이 오건, 해가 나건, 하루 종일,
그녀는 조립라인과 한 몸이네.
일꾼 로지, 그녀는 역사를 만들고
승리를 위해 일하네.

적의 방해 공작을 막기 위해
날카로운 감시의 눈길을 거두지 않네.
기체 위에 앉은, 저 작은 소녀는
남자들보다 훨씬 많은 일을 하겠네.

J. 하워드 밀러가 그린
일꾼 로지(1942)

그녀를 발견했다. 로즈는 그런 류의 영화들에 자주 출연했다.

그러나 모든 여성 노동자들의 노동조건이 장밋빛rosy이었던 것은 아니다. 열 명 중 한 명, 즉 60만 명의 여성 노동자들은 흑인이었다. 이 여성들은 흑인 남성들이 전쟁 전에 겪었던 똑같은 편견에 시달려야 했다. 단지 피부색 때문에 이들에게는 가장 힘든 저임금 비숙련 일자리만 주어졌다. 그럼에도 불구하고 전쟁은 이전 같았으면 집에서 가사 일을 담당했을 유색인 여성들이 권한을 얻는 계기가 되었다.

전쟁이 끝나고 남자들이 돌아오자 여성 노동자들에게 일자리를 포기하고 부엌으로 돌아가라고 요구하는 목소리가 높아지기 시작했다. 몇몇 여성 노동자들은 다시 가정으로 돌아갔지만, 로즈 윌 먼로와 같은 여성들은 그럴 수 없었다. 전사한 남편을 대신해 아이들을 부양해야 했기 때문이다. 그럼에도 불구하고 대부분의 로지들은 해고를 당하거나 연공서열을 인정받지 못했다. 또 일하기를 고집한 여성들은 승진에서 누락되었으며, 저임금의 직급으로 발령 나는 경우도 많았다. 로즈 윌 먼로는 택시 기사 일과 미용사 일을 전전하다 마침내 스스로 건설 회사를 차렸다.

그러나 미국 사회는 과거 남성들에게만 허락됐던 분야에서 여성들이 활약하는 모습에 점차 익숙해졌다. 여성들도 자신의 노동을 팔아 먹고사는 데 익숙해졌다. 일꾼 로지의 시대와 더불어 '동일 노동, 동일 임금'이라는 새로운 개념이

현실과 가상 속 고정관념이 된 여자들

도입되기 시작했다. 그리고 이는 나중에 여성과 유색인들도 백인 남성들의 독무대였던 산업 노조에 가입할 수 있는 길을 터주었다. 일꾼 로지는 여성의 권리와 시민권, 노동 정치에 지속적인 영향을 끼친 고정관념이었다.

'공순이'와 '식모'

역사history는 여성들이 남성들의 노동력에 기대 편안한 여생을 보내며 어떤 노동도 하지 않은 것처럼 서술하곤 하지만, 어느 시대, 어느 곳에서나 대부분의 여성들은 끊임없이 일하고 있었고 지금도 마찬가지다. 오랜 기간 여성들은 소위 사적 영역 내에서 가사노동, 돌봄 노동을 담당하면서 가정을 부양해 왔지만, 이는 자본주의하에서 시장화되기 전까지 '노동'으로 취급되지 않았고, 또 시장으로 나와 임노동 영역에서 일했던 여성 노동자들조차 정식 노동자가 아닌 남성의 보조자로 취급받았다.

여성 노동자가 사회적으로 부각되기 시작한 것은 한국전쟁 후 경제 성장을 준비하던 1960년대부터였다. 일제강점기에도 섬유 공장에서 일하던 여공들이 있었지만, 여성 노동자들이 본격적으로 주목받기 시작한 것은 전쟁으로 인해 소실된 남성 노동자들을 대규모로 대체해야 했던 1960년대였다. 이를 통해 1960, 70년대 한국 사회에 새롭게 등장한 여성 노동자 고정관념이 바로 '공순이'와 '식모'다.

여공과 가정부는 공통적으로 도시화 과정에서 생겨난 직업여성 집단이었다. 주로 지방이나 시골에서 상경한 그녀들은 도시의 화려한 삶을 동경하며 새로운 가능성을 꿈꾸었다. 때로는 시골의 지독한 가난과 고된 농사일이 싫어서, 때로는 남자 형제의 학비를 벌기 위해 그녀들은 대도시로 몰려들었다. 교육 수준이 낮았기 때문에 숙련노동이나 전문직을 가질 수 없었던 젊은 여성들에게 값싼 노동력을 필요로 했던 도시는 일자리를 제공했다.

당시 서울역에는 이렇게 무작정 상경한 소녀들을 노린 브로커나 숙박 시설, 중개업소가 유행했는데, 주로 어린 여성들을 공장에 소개시켜 주고 중개료를 받았다. 도시에 연고가 없던 소녀들은 공장의 열악한 시설이나 노동강도에 대해서는 전혀 모른 채 취직하는 경우가 많았다. 잘 곳이 없었기에 숙식을 제공하는 데 취직하려는 여공들도 많았는데, 한 여성 노동자는 당시 기숙사의 식단을 "짠무, 오이지, 일주일에 한 번 주는 고깃국은 소가 장화 신고 건넌 물 수준이었다"라고 회상했다(장남수, 1984, 『빼앗긴 일터』, 창작과 비평사, 34쪽). 여공들은 2교대, 3교대로 일을 했지만 남성 노동자에 비해 임금은 절반 수준이었고, 성폭력에도 노출되어 있었다. 무엇보다도 견디기 힘든 일은 '공순이'에 대한 사회적 멸시였다.

내가 차에서 내려서 조금 걸어갔을 때다. "야, 공순아, 이제 오니?" 하는 소리가 들려왔다. 거기에는 남학생 몇 명이 서 있었다. "야, 공순아! 뭘 쳐다보니? 싸가지 없게스리"라는 말을 했다. 나는 도저히 참을 수가 없어서 말을 했다. "그래, 나는 공순이다. 그러는 너희들은 뭐 잘난 것 있니?"

— 정현백, 1985, "여성 노동자의 의식과 노동 세계:
노동자 수기 분석을 중심으로", 『여성1』, 창작과 비평사.

여공들이 그나마 공적 영역에서 인정받는 임금노동자였다면, 식모는 더욱 열악한 상황에 처한 돌봄 노동자였다. 집안일을 하는 만큼 계약서나 정당한 임금은 생각할 수도 없었고, '잘 챙겨서 시집갈 때 주겠다'라거나 '밥 먹여 주는 것만으로도 고마워해'라면서 임금을 떼먹는 고용주들이 많았다. 더군다나 정해진 출퇴근이 없었기에 혼자서 끊임없이 식구들의 뒷바라지를 해야 했다. 식모 생활을 청산하기 위해 기술을 배우고 싶어 하는 여성들도 있었지만 시간을 낼 수 없는 경우가 태반이었다. 무엇보다 식모는 '위험한 여자'였다. 당시 신문들은 앞다투어 식모와 관련된 사건 사고를 다루었는데, 주로 식모의 도벽이나 유괴, 혹은 식모가 남편을 유혹해 가정이 깨지는 등의 스캔들을 다루며 식모를 '위험한 타자'로 만들었다. 그러나 정작 위험에 처한 것은 성폭력을 당하거나, 임금을 뜯기고도 하소연할 곳 하나 없었던 어린 소녀들이 아니었을까?

참고문헌

김정화, 2002, "1960년대 여성 노동: 식모와 버스 안내양을 중심으로", 『역사연구』 11호.
장미경, 2004, "근대화와 1960, 70년대 여성 노동자: 여성 노동자 형성 과정을 중심으로", 『경제와 사회』 61.
김원, 2004, "1970년대 여공의 문화: 민주 노조 사업장의 기숙사와 소모임 문화를 중심으로", 『페미니즘 연구』 4-1.

1960년대 와이셔츠 공장의 여공들

롤리타

1995년, 러시아 출신 망명 작가 블라디미르 나보코프는
소설 『롤리타』를 출간했다. 그리고 그 책은 하룻밤 만에
미국 전역에 돌풍을 일으켰다. 작품은 열두 살 소녀 돌로레스
'롤리타' 헤이즈에게 집착하는 불혹의 대학교수 험버트
험버트의 이야기이다. 험버트는 롤리타의 곁에 있기 위해
그녀의 어머니와 결혼할 정도로 롤리타에게 집착했다. 마침
롤리타의 어머니가 죽게 되자, 험버트는 어머니를 잃은 아이를
데리고 자신의 성적 욕망을 채우기 위한 여행을 떠난다.
그는 롤리타가 또 다른 나이 많은 남자 품으로 도망치기
전까지 천국을 경험한다. 어느 모로 보나 비극처럼 보이는 이
이야기를 나보코프는 희극적 풍자로 변형시켰다. 나보코프는
독자들로 하여금 험버트의 변태적 영혼을 들여다보도록
유인함으로써 그가 얼마나 말도 안 되는 착각 속에 빠진

1955년, 『롤리타』가 출판되었을 당시 텍사스의 롤리타 마을은
투표를 통해 마을 이름을 바꾸기 직전까지 갔다.

스탠리 큐브릭 감독의 1961년작 〈롤리타〉 포스터

인간인지를 깨닫게 한다.

『롤리타』는 극찬과 비난을 동시에 받으며 큰 반향을
일으켰다. 모두가 『롤리타』가 다루고 있는 사춘기 소녀와의
섹스라는 소재에서 눈을 떼지 못했다. 1961년 스탠리 큐브릭
감독은 나보코프가 직접 쓴 각본으로 영화를 만들었고, 제임스
메이슨과 수 라이언이 주연을 맡았다. 가톨릭품위위원회는
교인들에게 이 영화의 관람을 금지했다.

롤리타는 매혹적인 사춘기 소녀, 나이 많은 남자들과도
얼마든지 섹스를 할 준비가 되어 있는 님펫〔작품 속에서 험버트가
자신이 성적 매력을 느끼는 사춘기 소녀들을 가리켜 만들어 낸 말〕을
가리키는 고정관념이 되었다. 인터넷에 '롤리타'를 쳐보면
미성년 소녀들이 등장하는 포르노 사이트들이 끊임없이 뜬다.

그러나 롤리타라는 고정관념은 나보코프의 작품을 잘못
독해한 결과물이다. 제목과 달리 원작은 살인까지 저지르게
되는 소아 성애자에 대한 이야기이지, 그의 피해자에 대한
이야기가 아니다. 롤리타는 소아 성애자들이 피해자 아동을
꼬드기기 위해 흔히 사용하는 전형적인 위협과 교묘한 수법에
걸려든 포로였다. 롤리타는 달아날 기회가 오자 바로 그에게서
도망치지만, 불행히도 그녀가 달아난 곳은 험버트와 같은
남자의 품이었다. 롤리타는 이른 결혼과 임신으로 자신의 삶을
만회하려 한다. 그리고 그녀의 이야기는 여기서 끝이 난다.
책은 롤리타의 최후에 대해서는 아무런 실마리도 던져 주지

현실과 가상 속 고정관념이 된 여자들

10대 '롤리타'

애인의 부인을 총으로 쏜 혐의로 기소

'롤리타' 사건, 유죄

'롱아일랜드 롤리타'에 대한 세 편의 영화 기획 중

"나는 단지 성적 학대를 당했을 뿐입니다"

외로운 롤리타가 말했다

롱아일랜드 롤리타, 성인이 되어 출소

롱아일랜드 롤리타의 막장 드라마 마침내 종결

롤리타들을 만들어 낸 언론들, 이거 하나만 바로잡자!

1992년 당시 롱아일랜드의 에이미 피셔는 열일곱 살 여고생이었다. 그녀는 자신의 서른여덟 살 남자 친구의 아내를 총으로 쏴 감옥에서 7년을 복역했다. 언론이 '롱아일랜드 롤리타'라 부른 에이미 피셔와 나보코프의 롤리타 사이의 유일한 공통점은 둘 다 비틀린 중년 남성들에게 성적 학대를 당했다는 사실뿐이다. 왜 사람들은 그녀의 애인 조이 부타푸오코를 험버트라 부르지 않는가?

않는다. 하지만 험버트의 이야기는 완결된다. 그는 자신에게서
롤리타를 빼앗아 간 남자를 살해한 혐의로 재판을 기다리는
가운데 심장마비로 사망하고 만다. 나보코프의 소설은 보기에
따라서는 행복한 결말이라 할 만큼 기묘하게 도덕적이다.
롤리타를 학대했던 둘은 모두 죽음을 맞았고, 피해자는
살아남았으니 말이다. 더군다나 소설의 결말은 롤리타의
성욕이 험버트의 추잡한 상상력이 만들어 낸 허구일 수도
있다는 생각마저 들게 한다.

　나보코프의 이야기는 어린 소녀들에게 욕정을 느끼는
중년 남성들에게 먹혀들었다. 그런데 신기하게도 이 책에서
고정관념으로 남은 것은, 롤리타였다. 십대 소녀들이 나이
든 남자들을 '원한다'는 성인 남성들의 판타지에 기반을 둔
것이다. 하지만 정작 고정관념이 되어야 할 것은 징그러운
소아 성애자인 험버트가 아닌가. 험버트를 고정관념으로
만들어 미성년자들이 위험한 어른들을 구별하는 데 도움을
줄 수도 있었겠지만, 그 대신 우리 사회에 뿌리 내린 것은,
섹스를 하지 못해 안달이 난 롤리타였다. 우리는 섹스에 미친
소녀라는 고정관념을 하나 더 갖게 된 것이다.

　　　　　　　　　현실과 가상 속 고정관념이 된 여자들

정작 고정관념이 되어야 할 것은
징그러운 소아 성애자인 험버트가 아닌가.

1961년작 〈롤리타〉에서 험버트 역의 제임스 메이슨

페미나치
/브래지어 태우는 여자

브래지어 태우는 여자의 이미지는, 가부장제의 멍에를 벗어 버린다는 명목으로 브래지어를 벗어 불구덩이에 던져 넣은, 남자를 혐오하는 페미니스트의 전형으로 1960년대를 살았던 모든 미국인들의 기억 속에 뚜렷이 남아 있다. 그러나 그들의 기억에는 한 가지 오류가 있다. 바로 아무도 브래지어를 태우지 않았다는 사실.

진상은 다음과 같다. 1968년, 베트남전이 한창일 때 한 페미니스트 그룹이 애틀랜타에서 열린 미스 아메리카 대회를 반대하는 집회를 조직했다. 그들은 "우리의 모습은 우리가 판단한다!"라고 쓴 현수막을 들고 화장품, 하이힐, 거들과 같은 온갖 여성용품들을 모아 쓰레기통에 던져 넣는 장면을 연출했다. 그 와중에 그룹의 리더였던 로빈 모건이 브래지어를 던지는 장면이 『뉴욕포스트』 기자의 카메라에 잡혔다.

1968년 9월, 미스 아메리카 대회를 반대하는 시위를 조직한
로빈 모건이 애틀랜틱시티 어느 거리에서 브래지어를
"자유를 위한 쓰레기통"에 던져 넣고 있다.
이는 현대 페미니즘 운동 최초의 시위이기도 했다.

기자는 텔레비전 카메라 앞에서 징병 카드를 불태운 반전 시위대의 행동에 비견되는 재치 있는 사진을 의도한 것이었다. 실제로 브래지어를 태워 버린 것은 아니었지만, 대중은 여자들이 자기 속옷을 태워 버린다는 발상을 맘에 들어 했고, 그 이후로 브래지어 태우는 여자에 대한 고정관념이 생명을 얻게 됐다. 일반적으로 브래지어 태우는 여자라는 고정관념은 여성운동을 비하하거나 조롱하기 위해 쓰이는 경우가 많다.

불행히도 시대마다 항상 페미니스트들은 악마의 이미지를 뒤집어썼다. 페미나치는 이런 경향의 1990년대 버전으로 라디오 토크쇼 진행자인 러시 림보가 낙태할 권리를 지지하는 여성들을 가리켜 처음 사용한 말이었다. 극우 보수주의자들은 이 말을 가져와 페미니스트 일반을 가리키는 말로 사용하기 시작했다.

페미나치는 여자도 동등한 권리가 있다고 주장하는 — 이 얼마나 끔찍한 죄인가! — 성가시고 드센 여자를 가리킨다. 이런 여자들은 "집안의 우두머리, 가장은 남자"라는 우파의 생각에 동의하지 않는다. 그녀의 인생 목표는 남자들을 애도 돌보고 집 청소도 분담하는 노예로 만들어 버리는 것으로, 이는 남자들이 무슨 수를 써서라도 저항해야 할 일, 미국 사회를 지금보다 훨씬 더 망가뜨릴 일이다. 게릴라걸스는 모든 사람이 페미니스트를 긍정적으로 바라보게 될 그날을 아직도 기다리고 있다. 부디 우리를 너무 오래 기다리게 하지 말아 달라!

페미니스트 의제는 여성의 평등한 권리에 대한 것이 아니다. 페미니즘은 여자들에게 남편과 이혼하고, 아이들을 처단하며, 이단을 믿고, 자본주의를 파괴하며, 레즈비언이 되라고 종용하는 사회주의적이고 반가족적인 정치운동이다.

—팻 로버트슨. 그는 나중에 9·11에 일어난 테러리스트의 공격이 페미니스트와 동성애자들 탓이라고 주장했다.

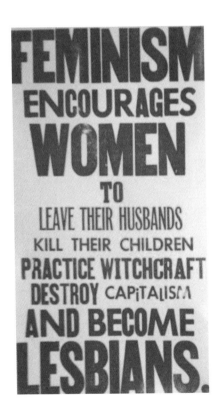

페미니스트 잔혹사

/ 풍경 1. 페미니즘은 나치즘과 같다

'페미나치'라는 말을 만든 장본인으로 알려져 있는 러시 림보의 1992년 저서에 나오는 설명에 따르면, 페미나치는 "세상에서 낙태가 최대한 많이 이루어지도록 하는 걸 인생 최대의 목표로 생각하는" 족속들이다. 보수 논객 림보는 '권위'를 빌리고 싶었는지 이 말을 처음 쓴 사람이 자신이 아니라 UC 데이비스의 경제학과 교수 톰 헤이즐렛이라 말한다. 그에 따르면 헤이즐렛 교수는 "전투적 페미니즘에 반대하는 그 어떤 관점도 용납하지 않는 여성"을 가리켜 이 말을 사용했다. 페미니즘을 파시즘이나 나치즘에 비유하며 비판하는 이들 반페미니즘anti-feminism의 주장은 보통 다음과 같다.

— 페미니즘은 여성의 권리만을 내세우는 편협한 여성 우월주의다.
— 남성에 대한 근거 없는 적개심에 기반해 남성을
  잠재적 범죄자로 취급하거나 자신들이 겪는 모든 문제의
  원흉으로 바라본다.
— 이미 남녀가 평등한(혹은 여성이 우위에 있는) 세상에서 오히려

남성에 대한 역차별을 조장한다.

이런 주장이 미국에서 득세하기 시작한 것은 1980년대 레이건 시절부터다. 저널리스트 수잔 팔루디는『역풍: 여성에 대한 선전포고 없는 전쟁』*Backlash: The Undeclared War Against Women*(1992)에서 이런 반페미니즘적 현상을 신보수주의 흐름과 연관 지어 설명한다. 1960년대 진보주의의 성장에 대한 반동으로 나타난 신보수주의가 전통적 성역할 분담과 이성애 중심의 가족 제도를 옹호하면서 각종 사회 불안정의 원인을 급진적 페미니즘 탓으로 돌렸다는 것이다. 팔루디는 여성이 일자리와 출산이라는 두 영역에서 자유와 권리를 향유하려는 찰나, 경제 침체와 고용 위기에 빠진 노동시장의 불안이 여성 노동력에 대한 공격으로 표출됐다고 분석한다. 팔루디가 보기에 이는 여성의 사회 진출을 페미니즘의 완성으로 과장하면서 여성이 겪는 실질적 임금 차별이나 열악한 처우를 은폐하는 수사적 전략이자, 페미니즘을 공론장에서 아예 없애 버리고자 하는 선전선동이다.

/ 풍경 2. 페미니스트는 꼴통이다

지금은 페미니스트 선언이 넘실대고 있지만 사실 십여 년 전만 해도 이는 상상하기 힘든 일이었다. '여자도 사람'이라고 주장하는 여자들은 항상 골칫덩이 문제아로 환영받지 못하는 존재였고, 스스로를 페미니스트라 정체화하는 여성들 역시 현저히 줄어드는 추세였다. 일례로, 여성학과와 총여학생회가 점점 무너져 간 상황을 들 수 있는데, 2004년 여자대학으로는 처음으로 서울여대가 여성학과를 폐지했고, 2007년에는 숙명여대가 10년간 운영해 온 여성학 협동과정을 없앴다.

이런 흐름의 배경에는 이제 여자들도 평등해질 만큼 평등해졌다는 인식과 남성들의 위기감이 깔려 있었다. 언론에서는 '여풍', 즉 '알파걸'들이 남성의 자리를 위협하고 있다고 과장하며 출산율 저하를 걱정하는 목소리가 높아졌다(밖에 나올 생각일랑 하지 말고 집에서 애나 낳아 키우라는 뜻이 아닌가!). 1999년에는 군가산점제 위헌 판결이 나자 소송을 제기한 학생들이 속했던 이화여대 게시판에 항의글이 폭주하며 마비될 정도였고, 2000년에는 '운동사회 내 성폭력 뿌리 뽑기 100인 위원회'가 반성폭력 운동을 벌이자 '진보' 지식인들과 활동가들이 반페미니즘적 비난과 조직적 은폐를 시도해 피해자들에게 큰 상처를 남겼다. 비례대표 여성할당제를 둘러싼 논란이나 성매매 특별법을 둘러싼 논란, 여성운동 진영의 오랜 숙원이었던 호주제 폐지를 둘러싼 논란 등 고비마다 페미니스트들은 강력한 반페미니즘의 흐름에 맞서야 했다.

이런 반페미니즘의 흐름은 실제 조직화하기도 했는데, 2006년에는 여성부 폐지 10만인 서명운동이 조직됐고, 남성연대가 결성됐다.

/ 전쟁의 서막

이로부터 10여 년이 흐른 지금, 젠더 전쟁은 한층 첨예해지는 양상이다. 위헌 판결을 받은 군가산점제에 대해서도 논란이 끊이지 않은 끝에 재도입 논의가 시작됐다. 2015년, 한 남자 중학생이 페미니스트가 싫다며 IS에 합류하자 기다렸다는 듯이 '페미니즘의 종언', '무뇌아적 페미니즘'을 이야기하는 반페미니즘 담론이 다시 시작됐다. 또 온라인상에서는 ○○녀, '꼴페미' 담론이 쏟아져 나왔다. 이에 맞선 페미니스트들의 반격도 거세다. 2016년 5월, 강남역 살인 사건을 계기로 나타난 여성혐오 범죄에 맞선 운동들, 메갈리아의 여혐혐 운동, #○○_내_성폭력 해시태그 운동, 낙태죄 폐지 운동 등이 과거 반성폭력 운동의 뒤를 잇고 있다.

참고문헌

조선정, 2016, "포스트페미니즘과 그 불만: 영미권 페미니즘 담론에 나타난 세대론과 역사 쓰기" 『한국여성학』 30-4.
정인경, 2016, "포스트페미니즘 시대 인터넷 여성혐오" 『페미니즘 연구』 16-1.
이수영, 2010, "페미니스트와 포스트 페미니스트 세대의 대화" 『영미문학 페미니즘』 18권 1호.

밸리걸

밸리걸에게 중요한 것은 첫째도 쇼핑, 둘째도 쇼핑이다. 패션 산업의 먹잇감으로, 예쁘게 보여 인기를 얻을 수만 있다면 무슨 짓이라도 할 질풍노도 시기의 십대 소녀들은, 그들이 쇼핑몰에서 돈 좀 뿌리고 다니기를 바라는 마케팅 고수들의 주요 표적이다.

〔옮긴이〕밸리걸은 원래 1980년대, 샌 페르난도 밸리 지역 출신의 중상층 계급 소녀들을 가리키는 말로 1982~83년에 등장한 몇 편의 영화와 텔레비전 쇼, 그리고 그 시기 샌 페르난도 밸리의 분위기를 재현한 뉴웨이브 음악을 통해 유행하기 시작했다. 여기서 그들은 쇼핑을 하러 백화점에 가거나 해변에서 일광욕을 하며 노닥거리거나, 파티에 가서 진탕 마시며 노는 것 말고는 별로 하는 일이 없는 여자애들로 재현되었다. 간단히 말하면 소비주의에 물든 멍청한 사춘기

소녀들을 가리키는 고정관념이다.
이들의 소비 문화와 더불어 이들이
쓰던 캘리포니아식 사투리가 섞인 과장된
말투 역시 '밸리어'라 해서 유행했다. 영화 〈클루리스〉(1995)의
주인공(오른쪽 사진)은 이런 밸리걸의 1990년대 버전으로
출신지만 근처인 비벌리힐스로 조금 움직였을 뿐이다. 이후
한국의 '된장녀'나 '김치녀'처럼 밸리걸의 외연 역시 점점
확장되어 북아메리카 지역 모든 젊은 여성들을 가리키는
말이 되었다. 소비문화의 부정적인 측면과 여성을 연결시키고
있다는 점에서 한국의 '된장녀'와 비슷하기도 하지만,
'된장녀'의 경우 실제 상류층에 속한 부류가 아니라 자신의
능력과 조건을 넘어서 과소비를 일삼는 여성들을 가리키는
관념이라는 점에서 계급적으로는 차이가 있다.

폭주족
아가씨

오토바이 폭주족 아가씨에 대해 이야기하기 위해서는 먼저 남성 폭주족에 대한 이야기부터 하지 않을 수 없다. 이들이 무법자 이미지를 갖게 된 것은 1947년 7월 4일, 캘리포니아 홀리스터에서 전미오토바이연합 주최로 열린 경주 대회 때부터였다. 대회 시작부터 너무 많은 사람이 몰려(오토바이족의 숫자가 마을 주민 수를 능가할 정도였다) 대회는 곧 통제 불가능한 상태가 되었다. 바이커들은 시내 중앙 도로 한가운데서 자발적으로 경주를 펼쳤고, [경주가 끝나면] 오토바이를 몰고 술집으로 직행했다. 대회가 열렸던 나흘 동안 자잘한 부상과 과격한 행동들이 있긴 했지만 폭동이나 폭력, 약탈 행위는 찾아볼 수 없었다. 기사에 따르면 참가자 중 열에 하나는 여성이었다. 젊은 여성 참가자들은 딱 달라붙는 스웨터와 바지 차림으로 남자들의 오토바이 뒷좌석에 올라탔다.

『타임』지 사진기자가 연출한 술 취한 바이커 사진으로 인해 이들을(더불어 그들의 '여자 친구'까지) 사회의 모든 규칙을 무시하는 미친 쾌락주의자로 보는 이미지가 만들어졌다.

이 경주 대회를 기반으로 한 말런 브랜도 주연의 〈위험한 질주〉The Wild One(1953)를 시작으로 〈와일드 앤젤〉The Wild Angel(1966), 〈영광의 스톰퍼들〉The Glory Stompers(1967), 〈사이클 세비지스〉The Cycle Savages(1969), 〈이지 라이더〉Easy Rider(1969) 등 흥행을 노린 오토바이 영화bikesploitation들*이 쏟아져 나오기 시작했다. 이런 영화들에서 남자 주인공이 사랑하는 여성 상대역은 필수 요소였고, 이와 동시에 여성 폭주족에 대한 고정관념도 탄생했다. 영화 포스터를 보면 모든 걸 알 수 있다. 그녀는 오토바이 뒷좌석에서 매달려 밤에도 그를 따뜻하게 해줄, 젊고 섹시한 여성이다.

우후죽순 생겨난 바이커 클럽들과 폭주족들은 바이커에 대한 고정관념을 몸소 증명해 주었다. 반쯤은 진심으로, 반쯤은 과시용으로 그들은 오늘날에도 여전히 터프한 폭주족 이미지를 고수하고 있다. 웬만한 바이커 클럽이라면 모두 이상적인 폭주족 아가씨를 뽑는 미인대회를 개최한다. 이

---

* '오토바이'(bike)와 '익스플로테이션 영화'(exploitation movie)의 합성어. 익스플로테이션 영화는 주로 그 시대에 유행하는 것들을 다루어 상업적 성공을 꾀하려는 영화로 보통 마약이나 섹스, 폭력 같은 선정적인 소재들이 선택되곤 한다. 우리나라에 한때 유행한 조폭 영화들이 한 예이다.

현실과 가상 속 고정관념이 된 여자들

미인대회 출신 아가씨들은 바이커 잡지에 나와 그 생명을
연장하는데, 대부분이 큰 키에 긴 생머리, 그리고 아마도
수술로 만들었을 엄청나게 부푼 가슴을 자랑한다. 커다란
오토바이 위에서 가죽 란제리를 입고 한껏 포즈를 취한
그녀는 보통 희끗희끗한 장발을 질끈 묶고 맥주로 나온
똥배를 자랑하는 쉰 살 이상의 바이커 아저씨들에 둘러싸여
있다. 그녀는 그들의 판타지다. 대체 누가 저런 옷을 입고
오토바이를 탄단 말인가?

하지만 오토바이 타는 여자라면 누구나 폭주족 아가씨가
될 수 있다고 본다면, 이 고정관념에도 몇 가지 중요한 진전이
있었다. 무엇보다 오토바이 뒷좌석이 아닌 운전석에 올라탄
여성 바이키 전용 바이크 클럽들이 많아졌다. 여성 바이크
클럽 '악마의 인형들'Devil Dolls의 회원들은 자기 오토바이
옆에서 포즈를 취한 사진을 달력으로 만들어 판매하고
있다. 그들은 영화나 잡지에 나오는 폭주족 아가씨들과는
완전히 다르다. 그들은 오토바이 경주를 하지도 않고, 남성
바이커들과도 경쟁하지 않는다. 또한 게이 퍼레이드가
벌어지는 곳이면 어디나 오토바이를 타고 나타나는 인기
있는 레즈비언 그룹 '바이크 타는 다이크들'Dykes on Bike도 잊지
말자. 오토바이에 대한 열정이라면 누구 못지않은 그녀들은
이성애적인 고정관념들을 교란시킨다.

현실과 가상 속 고정관념이 된 여자들

2010년 뉴욕에서 있었던 '뉴욕 프라이드 행진'에서의 '바이크 타는 다이크들'

사교계의
여왕들/골드
디거/트로피
와이프/사커 맘/
스테이지 맘/
여사장/여자
아나운서

여자의
일은
끝이 없다

수세기 동안 여성의 가장 중요한 일은 좋은 남편감을 찾아 아이를
갖는 것이었다. 여성들도 좋은 직업을 찾아야만 하는 오늘날, 이런
탐색의 과정은 더욱 복잡해졌다. 이제는 여성들 스스로가 아이를 갖기
전까지의 자기 삶뿐만 아니라 그 이후 자신의 일평생을 책임져야 하기
때문이다. 그리고 이런 세태에 발맞추어 고정관념도 가정뿐만 아니라
직장에서까지 그녀를 따라다니게 되었다.

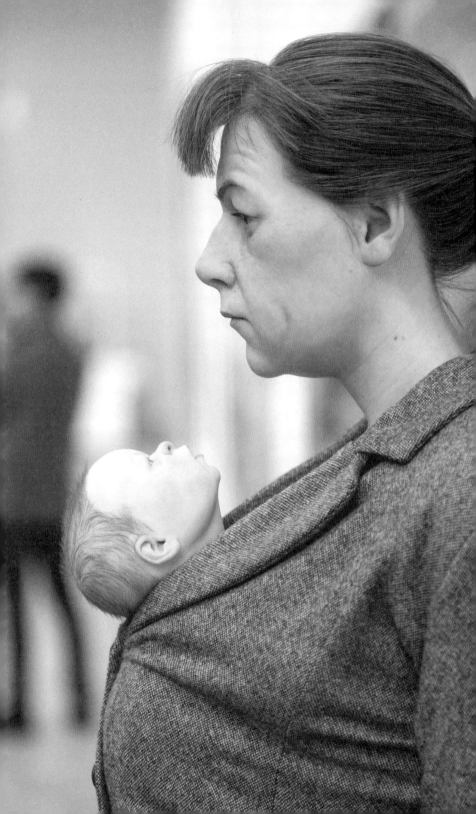

사교계의 여왕들

뎁Deb은 세련된 무도회에 단체로 '공개'된, 유명 가문 출신의 이제 막 성인이 된 젊은 여성들을 가리키는 말이다. 무도회는 매우 조심스럽고 절제된 분위기지만, 실은 전통 사회에서나 있을 법한 공공연한 짝짓기 의례라 할 수 있다. 이 무도회에서 뎁은 자신들의 처녀 상태를 상징하는 흰색 가운을 입는다. 무도회의 절정은 아름다운 옷과 보석으로 치장한 아가씨가 무대를 가로지르며 천천히 행진하다가 관중을 굽어보며 큰절을 올리는 순간이다. 이 순간 그녀는 자신의 기품과 겸손, 부모의 재력, 그리고 가슴골을 힐끗 드러낸다. 그러고 나면 분위기는 한껏 고조되고, 사람들은 무도회가 끝난 뒤 벌어진 일들에 대해 몇 년 동안 입방아를 찧는다.

뎁의 전형은 긴 금발 머리의 와스프WASP(백인 앵글로색슨계 신교도)다. 그녀는 날씬한 몸매에 잘 가꾼 외모, 최신 유행하는

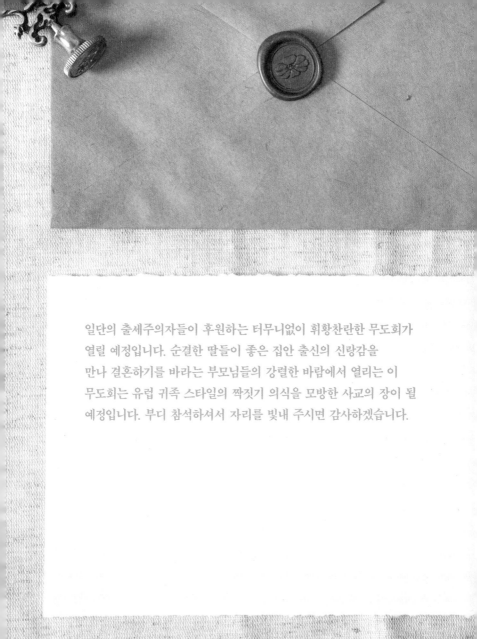

일단의 출세주의자들이 후원하는 터무니없이 휘황찬란한 무도회가
열릴 예정입니다. 순결한 딸들이 좋은 집안 출신의 신랑감을
만나 결혼하기를 바라는 부모님들의 강렬한 바람에서 열리는 이
무도회는 유럽 귀족 스타일의 짝짓기 의식을 모방한 사교의 장이 될
예정입니다. 부디 참석하셔서 자리를 빛내 주시면 감사하겠습니다.

옷을 뽐내지만 숙녀답지 못한 차림은 하지 않는다. 그녀는
식탁 예절을 완벽하게 숙지하고 있고, 자신의 생각이나
의견을 말하지 않고도 언제까지나 대화를 이어 갈 수 있다. 또
그녀에게는 멋진 감사 편지를 쓰는 재능도 있다. 승마와 골프,
테니스를 즐기며 부모가 나온 사립 초등학교와 대학에 다닌다.
때로는 자신의 전용 말을 데리고 다니기도 한다. 뎁들은
자신들과는 다른 사람들, 특히 다른 계층의 남자들과는 어울려
다녀서는 안 된다고 배운다.

　뎁은 결혼 전까지 잠깐 일을 하다가 좋은 신랑감을 만나
사교계의 부인이 되면서 일을 그만둔다. 그리고 그녀는 사교계
명사들과 적절한 사회적 인맥을 유지하고 넓혀 가는 데
힘쓴다. 아이들을 학교에 보내고 나면 그녀는 세간의 이목을
끄는 자선 행사에서 자원봉사를 하면서 턱시도 입은 남자들과
찍은 사진이 신문에 실리도록 힘쓴다. 그녀가 튀는 행동을
하거나 이목을 끌 만한 일을 벌이면 신문의 사회·문화란에
실린다. 이 모든 것을 고려할 때, 톰 울프가 『허영의
불꽃』에서 묘사한 것처럼, 엑스레이 사진 같은 깡마른 몸매를
유지하는 것은 매우 중요한 일이다. 재클린 케네디는 자신의
사회적 계급에서 벗어나 출판 편집자로 활동하기 전까지는*
이런 뎁의 전형이었다.

　오늘날 뎁 파티는 더 이상 와스프 기득권층만의 일이
아니다. 코티용Cotillion〔아가씨를 소개하는 정식 무도회〕은 자기

　　　　　　　　　　　　여자의 일은 끝이 없다

자식에게 이성애 중심의 상류층 문화를 가르치지 못해 안달이
난 부모들이 미국 전역에서 벌이는 일로, 특히 남부에서
인기를 끌고 있다. 이전까지는 사교계 데뷔 무도회 같은 건
열어 본 적이 없는 소수 인종들도 이제는 자신들만의 무도회를
열어, 애지중지 키운 딸들에게 최고의 신랑감을 찾아 주겠다는
열망을 표출하고 있다. 아프리카계 미국인들이나 폴란드계
미국인들의 무도회는, 이미 어느 정도 높은 지위에 올라 있는
전통적인 백인 상류층의 그것과는 달리, 학업 성과나 사회적
성취를 강조한다. 마지막으로 전통적 사교계 데뷔 무도회의
"커밍아웃"**이라는 아이디어를 극단적으로 희화화한
드랙 파티도 있다. 뉴올리언스의 매그놀리아 코티용***이
대표적이다.

* 존 F. 케네디와 결혼하기 전 그녀는 재클린 리 부비에로 『보그』지 편집자, 『워싱턴 타임스-
헤럴드』지 사진기자로 활동했다. 케네디의 죽음 이후 선박왕 오나시스와 재혼한 그녀는 오
나시스와 사별한 뒤에는 출판계에 몸담으며 편집자로 자신의 예전 커리어를 이어 갔다.

** 동성애자임을 공식적으로 밝힌다는 의미뿐만 아니라 사교계에 정식 데뷔한다는 의미
도 있다.

*** 뉴올리언스 버본 가 828번지 엠부시 빌딩에서 매년 8월 17일에 개최되는 퀴어 관련 이
벤트이다. 1993년 뉴올리언스 시 최초로 동성 파트너로 등록한 퀴어 커플 립(Rip)과 마샤
나퀸-딜레인(Marsha Naquin-Delain)이 1974년 자신들의 기념일을 축하받기 위해 첫 번째
매그놀리아 코티용을 개최한 것이 시초가 되었다. 손님들은 커플에게 선물을 주는 대신 퀴
어 운동을 지지하는 행사나 프로젝트에 기부를 해야 한다.

1980년대 말 뉴욕의 게이, 트랜스젠더들의 드랙 파티 문화를 기록한 다큐멘터리 〈파리는 불타고 있다〉(1990)

골드 디거

골드 디거〔≒꽃뱀〕는 부자 남편을 찾겠다는 열망에 불타는 여자를 가리키는 말이다. 1920년대 플래퍼 시대에 처음 사용되기 시작한 유행으로 '노다지'Gold Mine라 알려진 돈 많은 남자들을 쫓아다니는 근대 여성을 의미했다. 골드 디거의 남자 버전, 그러니까 돈 많은 여자들을 쫓아다니는 남자는 포티나이너Forty-Niner라 했다.* 여성에게만 붙는 골드 디거라는 고정관념은 현대에도 여전하지만, 가벼운 뉘앙스의 플래퍼식 유머는 사라졌다. 요즘은 골드 디거가 어디나 널려 있지만 아무리 사실이 그렇다 해도 골드 디거임을 자처하고 나설 여자는 없다.

골드 디거는 부자 신랑감을 찾는다는 점에서 뎁과 별반

---

* 원래는 1849년 골드러시 때 캘리포니아로 몰려든 사람들을 가리키는 말이었다.

여자의 일은 끝이 없다

다르지 않다. 그러나 골드 디거는 뎁보다는 사회적 계급이
낮고, 따라서 돈만 있다면 어떤 남자와도, 그가 열여덟 살이든
여든 살이든, 결혼할 용의가 있다는 점에서 차이가 있다.
(그런데 어쩌면 이것도 꽤 괜찮은 거래일지 모른다. 안나 니콜 스미스는 스트립
클럽에서 일하면서 만난 80대 갑부와 결혼했고, 다음해 그가 사망한 덕분에
수천억 달러를 상속받을 기회를 거머쥐었다.*)

　브로드웨이와 할리우드 모두 골드 디거에 열광한다.
로렐라이 리와 도로시라는 두 여주인공이 돈 많은 남자를
찾는 이야기인 『신사는 금발을 좋아해』는 1925년, 애니타
루스의 소설로 처음 출간됐다. 소설이 인기를 끌자 루스는
이를 1925년에 연극으로, 1949년에는 뮤지컬로, 1928년과
1953년에는 영화로 가색했다(1953년 버전에는 미릴린 먼로와 제인
러셀이 출연했다). 버스비 버클리의 뮤지컬 영화 〈1933년의
골드 디거들〉에는 동전 모양의 의상을 입은 여자들이 코러스
부분에 등장한다. 영화에서 골드 디거는 젊고 섹시한 금발의
쇼걸로 보통은 나이가 많은 부자를 노리는 여성이다. 그녀는
팜므 파탈이나 요부 뱀파이어 캐릭터들과 어느 정도 비슷한
구석이 있지만, 그녀들처럼 사악하지 않다. 그녀는 남자의

---

* 안나 니콜 스미스는 텍사스의 가난한 집안 출신으로 스트리퍼로 일하다 『플레이보이』 모
넬로 발탁되며 유명해지기 시작했다. 스트립 클럽에서 만난 석유 재벌 J. 하워드 마셜과 결
혼 당시 그의 나이는 89세, 그녀는 26세였다. 그가 죽은 후 유산을 둘러싸고 지난한 소송
을 벌이던 중 2007년, 자살로 생을 마감했다.

피를 빠는 대신, 사치스럽고 안정적인 생활을 대가로 남자에게 행복과 섹스, 그리고 그녀를 지배할 기회를 준다. 그녀는 상냥하고 사랑스러우며 조금 어리숙한 구석이 있다. 그리고 무엇보다 그녀는 자신이 열망하는 삶을 스스로 꾸려 갈 능력이 없다. 마릴린 먼로는 이런 골드 디거 역할을 전문으로 했는데, 대표작으로는 〈백만장자와 결혼하는 법〉과 〈신사는 금발을 좋아해〉가 있다. 골드 디거는, 남자는 여자의 외모를 보고 여자는 남자의 재력을 본다는 통속적 문화적 편견의 산증인이다.

트로피
와이프

미국의 기혼 여성들 가운데 25퍼센트가 남편보다 더 많은
돈을 버는 시대에 골드 디거는 이제 좀 진부한 고정관념이 된
것 같다. 이제는 자기 일에서 충분히 성공했음에도 불구하고
자신들보다 훨씬 더 성공한 남자를 원하는 현대 여성, 트로피
와이프의 시대가 왔다. 1989년 경제전문지 『포천』은 기업의
간부급 중년 남성들이 조강지처를 버리는 일이 늘어나는
현상을 기사화했다. 그리고 이들 대부분이 재혼할 때 아주
다른 스타일의 배우자를 선택하는 경향을 보였다고 기사는
설명했다.

『포천』의 설명에 따르면 이렇다. "현모양처 스타일의 나이
든 아내를 가진 임원들은 밖에서 무능력자로 무시당하는
경우가 종종 있다. 그는 외양에는 무신경한 사람처럼 보이기
때문이다. 그래서 그는 두 번째 아내로 열 살에서 스무 살

1999년 결혼 당시의 웬디 덩과
언론계 거물 루퍼트 머독

정도 어린, 때로는 자신보다 훨씬 키도 크고 아름다운, 보통은
사회적으로 성공한 여성을 택한다. 두 번째 부인은 남자의
사회적 지위를 증명해 주는 존재로, 남자는 열여덟 살이
넘으면 성적으로 내리막길을 걷는다는 통념을 불식시킨다.
이제 권력 있는 남자들이 트로피 와이프를 찾기 시작했다."
　임원들은 오랜 시간 일한다. 트로피 와이프들도 마찬가지다.
이런 방법으로 그는 전처에게 지불해야 하는 이혼 수당과
양육비를 제외하고도 여전히 사치스러운 생활을 누릴 수
있다. 남자는 이미 전처와의 사이에 자식이 있고, 여자는 그
자식들에게 받는 미움만으로도 충분히 벅차기 때문에 그들은
아이를 낳지 않는다. 이 행복한 부부가 좋아하는 것은 자선
행사장이나 영화 시사회에 나다나 사진기자들 앞에서 포즈를
취하는 일이다. 트로피 와이프와 남편은 떨어질 수 없는 한
쌍의 팀임에도 불구하고 항상 그렇듯 고정관념의 대상이
되는 것은 남자가 아니라 여자다. 남자 역시 그녀의 트로피
허즈번드인데도 말이다.
　고정관념의 최대 생산 공장 할리우드는 이번에도 트로피
와이프의 현실을 반영한 듯한 트로피 배우자 신드롬Trophy
Mate Syndrome을 만들어 냈다. 한 영화평론가는 나이 든 남자
스타들과 그들 나이의 절반에 불과한 아름다운 여배우들을
짝지어 주는 영화들이 끊임없이 양산되는 현상을 가리켜
"미녀와 영감님"Beauty and the Gheez이라 불렀다. 문화 평론가 캐타

미녀와 영감님: 예술은 현실을 모방한다*

〈하이눈〉 그레이스 켈리 23세 / 게리 쿠퍼 51세
〈나는 결백하다〉 그레이스 켈리 26세 / 캐리 그랜트 51세
〈샤레이드〉 오드리 헵번 34세 / 캐리 그랜트 59세
〈이보다 더 좋을 순 없다〉 헬렌 헌트 34세 / 잭 니콜슨 60세
〈불워스〉 할 베리 30세 / 워런 비티 61세
〈퍼펙트 머더〉 기네스 팰트로 25세 / 마이클 더글러스 53세
우디 앨런이나 로버트 레드포드의 최근작 아무거나

〈하이눈〉의 그레이스 켈리와 게리 쿠퍼

현실의 커플들: 삶은 예술을 모방한다

디나 루즈 이스트우드 31세 / 클린트 이스트우드 66세
캐서린 제타-존스 31세 / 마이클 더글러스 56세
아네트 베닝 34세 / 워런 비티 55세
웬디 머독 31세 / 루퍼트 머독 68세
엠마 헤밍 31세 / 브루스 윌리스 54세
칼리스타 플록하트 46세 / 해리슨 포드 68세

* 결혼 당시 나이를 기준으로 했으며, 이스트우드 커플과 머독 커플은 2013년 이혼했다.

폴릿Katha Pollitt은 이렇게 지적한 바 있다. "나는 평범한 50대 여성이라면 자기 남편 또래의 남자와 20대 여성의 로맨스를 다룬 영화를 보고 싶어 하지 않을 거라 확신한다. 물론 20대 여성들도 그런 걸 보고 싶어 하지 않기는 마찬가지라는 점도 확신할 수 있다." 그러나 현실에서 이 중년 남자 배우들이 어린 트로피 와이프를 얻는 경우는 흔하다. 영화 투자자들과 제작자들도 마찬가지다. 이쯤 되면 누가 이런 영화를 만들고 싶어 하는지 더 말할 필요가 있을까?

여자의 일은 끝이 없다

환갑을 넘긴
잭 니콜슨이
자기 또래 여성과
침대에 있는
진풍경을 본 것만으로도
표값은 한 것 같다.

—영화 〈어바웃 슈미트〉(2002)를 본 60대 여성 관객의 한 줄 평

사커 맘

요즘 미국에서 사커 맘을 모르는 사람은 없을 것이다.
상당히 젊고, 좋은 대학을 나왔으며, 이성애적 결혼 생활을
유지하고 있고, 중산층 혹은 그보다 높은 계층에 있는 백인
여성으로, 취학 아동이나 이보다 더 어린 애를 가진 엄마들
말이다. 그녀는 일반적으로 SUV나 미니밴을 몰고 다닌다.
그녀는 교외에 살며, 아마도 바깥일(?)은 하지 않을 것이다.
사실 그녀의 직업, 그녀가 기막히게 잘하는 일은 바로 애
키우기다. 아이에게 그녀는 코치이자 심판, 절친한 친구이자
등하교를 책임지는 전용 기사다.

사커 맘은 전통적인 결혼 생활을 영위한다. 생계를
책임지느라 집에 머물 시간이 거의 없는 남편을 대신해
집안일과 양육을 도맡아 한다. 과거에는 거의 모든 사회
계층에서 전업 주부로 사는 엄마가 일반적인 혹은 적어도

이상적인 엄마였지만, 오늘날 전업 주부들은 멸종 위기에 처한 종족이다. 미국에서 전업 주부의 수는 근래 전체 인구의 12퍼센트 이하로 줄어들었다. 그녀는 아들 딸 가리지 않고 운동을 가르치는 데 열심인데, 미국에서 축구soccer는 남자애나 여자애나 가리지 않는 스포츠이기 때문이다. 풋볼 맘, 레슬링 맘, 럭비 맘은 이 포스트-페미니즘 시대에 그저 한물간 말일 뿐이다.

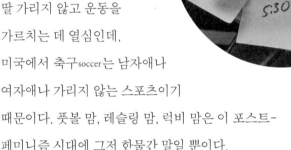

사커 맘은 미국에서 축구가 각광 받기 시작한 1980년대 후반에 생긴 신조어다. 1996년 미국방언학회는 '사커 맘'을 올해의 말로 뽑았다. 같은 해 사커 맘들은 빌 클린턴과 밥 돌이 격돌한 대통령 선거에서 결정적인 투표층으로 간주되었고, 공화당과 민주당 모두 이들의 표심을 잡기 위해 분투했다. 결과는, 사커 맘들의 지지를 받은 클린턴의 승리였고, 사커 맘 남편들이 지지했던 돌은 패배했다. 사커 맘들은 총기 소지에 반대하는 백만 어머니 행진Million Mom March을 조직할 정도로 행동력이 강한 집단으로 인정받고 있기도 하다.

스테이지 맘

150년 전까지만 해도 여자 배우나 연예인들은 매춘부
취급을 받았다. 물론 그들의 어머니라는 사실 또한 수치스러운
일이었다. 그러나 현대 연예 산업의 탄생은 이 모든 것을
바꿔 놓았다. 이제는 부모들이 유명세와 막대한 수입을
기대하며 자신의 재능 있는 아들딸들의 연예계 일을 돕기 위해
맨발 벗고 나서는 세상이 되었다. 특히 여자애들은 어린이
미인대회나 운동부, 아역 배우는 물론이고 『플레이보이』의
십대 '아기 토끼'Playboy Bunnies로까지 내보낸다.

늘 그렇듯이, 스테이지 맘에도 좋은 예와 나쁜 예가
있겠지만, 고정관념이 되는 것은 항상 나쁜 쪽이다.
고정관념에 따르면, 스테이지 맘은 지나치게 아이를
밀어붙이고, 고압적이며, 아이 본인의 행복은 생각하지 않고
경력만 쌓으려 든다. 스테이지 맘 중에는 연예인이 되고

싶었지만 결혼 후 아이를 갖게 되면서 자신의 꿈을 포기한 경우도 종종 있다. 이런 스테이지 맘은 아이에게 자기 삶을 투영하는데, 엄마가 딸에게 느끼는 질투심이 학대로 나타나는 경우도 있다. 아이는 엄마의 좌절된 꿈을 만회하기 위해 존재하며, 그 과정에서 유년 시절을 빼앗기고 마는 것이다.

1933년 초반 할리우드 영화 〈스테이지 마더〉에서 모린 오설리번은 마침내 모든 것을 뉘우치고 자신의 딸을 구원하는 스테이지 맘을 연기했다. 가장 많이 상연된 뮤지컬 가운데 하나인 〈집시〉는 집시 로즈 리라는 유명 연예인의 실제 삶을 바탕으로 한 작품으로 스테이지 맘이었던 그녀의 엄마는 딸을 스트리퍼로 만들었다. 우리 사회에도 진 할로우, 주디 갈런드, 나탈리 우드, 마리아 칼라스, 브룩 실즈, 드루 배리모어 등 수많은 연예인들의 잔인한 스테이지 맘에 관한 소문이 돌고 있다.

일반적으로는 이런 억울한 누명을 엄마들이 뒤집어쓰고 있긴 하지만, 사악한 스테이지 파더에 대한 고정관념 역시 존재한다. 매컬리 컬킨과 키에런 컬킨의 아버지인 킷 컬킨은 아이들을 억지로 연예계로 밀어 넣었고, 결국 가족에게서 버림받았다. 마이클 잭슨과 자넷 잭슨, 라토야 잭슨의 아버지 조 잭슨 역시 아이들을 심하게 혹사시켰다는 소문이 돌았다. 운동하는 아이의 성적을 일일이 챙겨 가며 경기에서 질 경우 아이를 학대하기도 하는 스포츠 대디 또한 항상 있었다.

여자의 일은 끝이 없다

긍정적인 스테이지 맘에 대한 이야기는 거의 들어본 적이 없겠지만, 다음과 같이 좋은 예도 있다. 젊고 실력을 갖춘 멜리사 조앤 하트의 어머니는 딸을 위해 〈십대 마녀 사브리나〉라는 쇼를 제작했다. 잡지 『에보니』는 1993년 기사에서 티샤 캠벨, 카딤 하디슨, 맬컴 자말 워너 같은 아역 배우들의 어머니를 가리켜 '어머니 매니저'Mother Manager라 이름 붙였다. 최근에는 '마미저'Momager(맘+매니저)라는 신조어도 만들어졌다. 오늘날에는 스테이지 맘보다는 이런 말들이 훨씬 더 적절하게 들린다. 왜냐하면 이젠 아이들 스스로가 더 적극적으로 연예인이 되고 싶어 안달하고, 법적으로도 이젠 과거처럼 부모가 아이의 돈을 가로챌 수 없기 때문이다. 이제 정말 부모는 말 그대로 매니저가 된 것이다.

여사장

30여 년 전까지만 해도 여대생들은 졸업 후 남자 동기들이 회사에서 경영자 교육을 받는 동안 비서로 일했다. 이에 페미니스트들은 기업에 여성들을 고용하고 임원으로 승진시키라고 압력을 가했다. 남자들은 여자가 자신들의 상사 역할을 하는 데 대해 불만을 표시했다. 이 같은 남성들의 두려움을 달래기 위해 많은 여성 임원들은 명예 남성처럼 행동해야 했다. 그녀들은 몸에 맞지도 않는 파워 수트를 입고 터프하게 이야기하며 골프를 배웠다. 이런 전략은 어느 정도 성공했지만, 여성 임원에 대한 신화와 오해들, 그러니까 하루 종일 일만 하고, 생리라도 하는 날엔 히스테리를 부리는 무섭고 짜증나는 여자라는 편견을 불식시키지는 못했다. 만약 여성 상사가 미혼이기라도 하면 일 말고는 낙이 없는 훨씬 더 끔찍한 여자로 취급당했고, 기혼에 애까지 있으면

데미무어가 남자 부하 직원인 마이클 더글러스를 성수행하는 여자 상사로 등장하는 영화 《폭로》(1994). 남성의 지위를 위협하는 여성에 대한 반동적 시각을 전형적으로 드러낸다.

일에 집중하지 못하는 무능한 여성으로 비쳤다. 또 여성은 회사의 최고위직까지 오르기엔 너무 감정적이고 자신감이 부족하다고 여겨졌다.

노동부 통계에 의하면 오늘날 경영대학원의 33퍼센트, 기업 관리직급의 49퍼센트가 여성이다. 이와 같은 수치는 1968년의 15퍼센트에 비하면 기하급수적으로 증가한 것이다. 그러나 여성들을 유리 천장에 가두는 편견은 지속되고 있다. 『포천』의 500대 기업 중 여성 CEO는 네 명에 불과했고 1,000대 기업 가운데서도 8명뿐이었다. 또 관리직과 전문직 여성들의 임금은 같은 직급의 남성들보다 29퍼센트 낮았다.

좋은 소식도 있다. 이제 여성 임원들이 자신들만의 경영 방식을 도입하고 있다. 이제는 그녀들도 더 이상 남자처럼 행동해야 할 필요를 느끼지 않으며, 그 능력 역시 제대로 평가받기 시작했다. 많은 연구들이 여성 임원들이 거의 모든 면에서 남자 임원들보다 뛰어나다는 것을 계속해서 증명해 주고 있다. 이런 연구들은 성별에 따른 차이를 비교하기 위한 것이 아니라 임원들을 평가하기 위해 고안된 것이었다. 데이터 분석을 통해 드러난 여성들의 높은 업무 능력 수치에 연구자들도 놀랐다. 몇몇 중역들은 새로운 채용 방식을 시도하고 있다고 한다. 『비즈니스 위크』는 다음과 같이 쓰고 있다. "회사에서 최고위직을 놓고 남성과 여성 후보자들이 비슷한 능력치를 보일 경우 때로는 여자를 뽑기도 한다. 이는 그녀의 업무 수행 능력이 더 나을 거라 생각하기 때문이다."

풋케어 회사 체인인 펠 사의 CEO 브렌트 클락은 여성들이 좀 더 신뢰할 만하고, 텃새를 덜 부리며 "조직에 도움이 되는 모든 종류의 무형적 노동"에 월등하기 때문에 남성보다는 여성을 선호한다고 말했다. 주식회사 루브릭의 창립자 아누 슈클라는 이렇게 말했다. "저는 사람을 뽑을 때 여성을 더 선호해요. 이유는 특정 수준 이상의 업무 능력과 헌신을 기대할 수 있기 때문입니다."

이제 새로운 고정관념이 만들어질 때도 됐다. 팀워크에도 능하고 부하들이 행복하고 생산적으로 일할 수 있게 이끌어 주는 여성 리더.

여자
아나운서

그들은 모두 똑같이 옷을 입고 똑같이 말한다. 인종에
관계없이 심지어 머리 스타일까지 똑같다. 말투에는 사투리가
전혀 없고 출신지를 구별할 수 있는 아무런 특징적 억양도
없다. 그들은 바로 여자 아나운서들이다. 그들은 지역
방송국이나 전국 뉴스 매거진의 데스크 뒤에서 활동하지만
방송계의 유리 천장인 주요 방송사의 저녁 뉴스에서는
찾아보기 힘들다. 주말 땜빵 일을 제외하곤 말이다.

여자 아나운서들은 뛰어난 저널리스트일 수도 있고 혹은
눈요깃거리로 뽑은 빔보일 수도 있다. 둘 중 어느 경우든지
그녀가 팬들에게서 받는 편지는 그녀가 보도하는 기사에
관한 것보다는 그녀가 입고 있는 옷이나 헤어스타일에 관한
것이 훨씬 많을 것이다. 그리고 그녀가 나이를 좀 먹어 매력을
잃으면 더 젊은 후배 아나운서로 순식간에 교체된다.

폭스 뉴스의 여성 아나운서들
어찌 이리 다양한지!

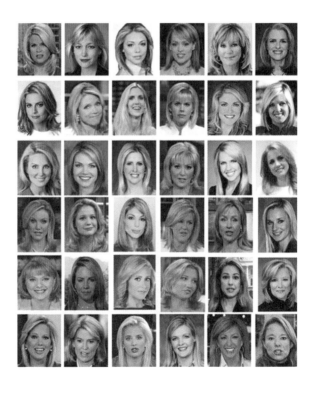

여성 아나운서 최초로 공중파 황금 시간대 뉴스를 진행한 마르샤로즈 셰스택Marciarose Shestack이 1960년, 처음 아나운서 자리에 지원했을 때 그녀는 방송국 국장으로부터 이런 말을 들었다. "내 눈에 흙이 들어가기 전까지는 안 돼." 셰스택은 당시 상황을 이렇게 전한다. "그는 여자는 시청자들에게 신뢰를 주는 존재가 될 수 없다고 믿었습니다. 여자들에게는 권위적인 목소리가 없기 때문에 시청자들이 여자가 전달하는 뉴스를 신뢰하지 않을 거라고 생각했죠."

오늘날 상황은 다소 달라졌다. 적어도 젊고 예쁜 여자들은 기회를 잡는다. 코네티컷 하트퍼드의 한 44세 여성 아나운서는 해고당한 후 방송국을 성차별과 나이 차별 혐의로 고소해 8백만 달러를 받았다. 대부분의 여성 아나운서들은 자기 나이보다 더 어려 보여야 한다는 부담을 느끼고 있다. 폭스 뉴스의 그레타 반 서스터렌Greta Van Susteren을 비롯한 여성 아나운서들은 직업을 잃지 않기 위해 주름살 제거 시술을 받고 있다. 오늘 저녁 뉴스를 보면서 이마에 주름살이 있는 여성 아나운서를 한 번 찾아보라. 주름진 이마를 한 남자 아나운서들은 심심치 않게 발견할 수 있지만, 여자들은 그렇지 않다. 보톡스 더 맞을 사람?

여자의 일은 끝이 없다

1965년 CBS. 채널3의 〈아이위트니스 뉴스〉를 진행했던 마르샤로즈 세스탁(왼쪽)과 톰 스
나이더(오른쪽).

인종과 종교에 따른 고정관념들

종교 및 인종적 고정관념들을 찾아보니, 모든 게 정말 너무 과장되고 말도 안 되는 것들이었다. 그래서 우리는 그것들을 완화시키기 위해 이를 좀 풍자해 보는 것도 좋겠다는 결론에 도달했다. 이에 우리는 게릴라걸스의 새로운 바비 인형 시리즈를 자랑스럽게 소개하는 바이다. 즐겁게 갖고 놀아도 되고, 질리면 버려도 된다. 신뢰할 만한 100퍼센트 국산 수제품(말하자면, 순전히 미국에서 만들어진 고정관념들)이다. 당신이 어떤 인종이든 간에, 이 인형들 가운데 뭐든 하나는, 그래도 내가 낫다는 생각을 갖게 해줄 것임을 확실히 보장한다.

게릴라걸스의
바비 인형 시리즈를 소개합니다

유태인 공주님, 로런

로런의 부유한 부모님은 그녀가 태어난 날부터 그녀를 공주처럼 대했다. 그래서 그녀는 다른 사람들도 전부 그녀를 그렇게 대해 줄 거라고 생각한다. 로런은 아주 까다롭고 사치스럽다. 그녀는 값비싼 물건들을 좋아하고 또 그것들을 어떻게 손에 넣는지 매우 잘 알고 있다. 로런은 자존감이 낮아 고생하는 소녀들과는 질적으로 다르다!

로런을 구입하면 최고급 디자이너 이름이 새겨진 쇼핑백들과 미용실, 네일샵 예약이 매주 빼곡히 잡혀 있는 다이어리, 그리고 유행에 따라 세 번에 걸쳐 코를 늘였다 줄일 수 있는 코 성형권이 따라온다. 또 유태인 공주님다운 사랑스러운 농담을 언제든 던질 수 있도록 프로그램 되어 있기도 하다. "유태인 공주는 저녁밥을 위해 뭘 준비하게요? 정답은 바로 '식당 예약' 호호호."

이렇게 말하는 페미니스트 역사가들도 있다. "유태인 공주님에 관한 고정관념이 기존의 유태인에 대한 편견에 비해 결코 덜 모욕적이라 할 수는 없다. 이는 돈만 밝히고, 늘 꿍꿍이가 있으며, 이기적이며 악독하고, 믿을 수 없다는 유태인에 대한 전통적 편견에 치마를 입혀 업데이트한 버전에 불과하다." 그러면 공주님들은 이렇게 대꾸할 것이다. "너무 열 내지 마세요, 교수님들. 쇼핑 좀 하셔야겠네. 호호호."

로런이 서른 살이 되면 유태인 엄마로 변신한다(따로 구입 가능하다). 그녀는 "아이고, 나는 신경 쓰지 마라", "넌 니 엄마한테 전화할 시간도 없니?" 같은 친숙한 잔소리를 늘어놓도록 프로그램 되어 있다.

다른 인종에서도 워낙 인기가 많아서 아프리카계 공주님, 중국계 공주님, 이탈리아계 공주님 버전으로도 출시된다. 액세서리는 다 똑같다.

착한 자매님, 테레사

테레사는 늘 죄책감을 달고 살기 때문에 우리는 그녀의 교복 밑에 특별히 버튼을 숨겨 뒀다. 버튼을 누르면 테레사는 기아에 허덕이는 아프리카 아이들에서부터 세상 모든 문제에 대해 자신을 탓하며 사과하기 시작한다. 테레사는 말도 잘 듣고, 성실하며, 겸손하고, 조신하며, 누구에게나 공손하다. 그러나 일단 체크무늬 교복을 벗고 부모님이 주위에 없다는 것을 확인하면 무슨 짓이라도 할 준비가 되어 있다. 바로 남자(그러니까 남자친구나 신부님)가 요구하는 일은 뭐든지 말이다! 일단 붙잡아 두기만 하면 남편을 위해 영원히 입 안의 혀가 되어 줄 텐데, 그 이유는 성당에서 이혼은 절대 금하는 일이기 때문이다.

테레사는 그녀가 일곱 살 때부터 주 예수의 신부였다는 걸 상기시켜 줄 순백색의 성찬식 드레스 버전으로도 구입 가능하다. 머리 스타일과 얼굴색을 조금 달리해 아시아계 버전, 라틴계 버전, 아프리카계 버전으로도 판매 중이다.

경고: 미국의 실제 가톨릭 신자들을 반영한 불량품이 나올 수도 있다. 97퍼센트의 테레사 인형이 피임을 할 것이고, 87퍼센트가 낙태를 결심할 것이다. 어떤 인형들은 '디그니티'Dignity 같은 진보적 가톨릭 집단에 가입하거나 심지어 레즈비언이 될 수도 있다. 그래도 미안하지만 환불이나 반품은 불가능하다.

천방지축 꽃사슴, 인디언 공주

천방지축 꽃사슴은 야만인들 가운데서 그나마 고귀한 존재인 인디언 추장이 애지중지하는 어린 딸로, 예쁘고 겸손하며 상냥하고 용감하다. 입은 듯 만 듯한 사슴 가죽 튜닉을 입고 있는데, 이따금씩 노출되는 어깨는 그녀가 거추장스러운 서구식 속옷은 입지 않는다는 점을 상기시켜 준다. 게다가 그녀는 자신의 부족을 멸망시켜 버리거나 보호구역에 가둬 놓으려는 백인들을 돕지 못해 안달이 난 상태다.

천방지축 꽃사슴은 사냥하는 법, 원뿔형 천막을 치는 법, 야생에서 탐험대를 안내하는 법 같은 걸 잘 알고 있다. 그녀는 백인 남자들에게 길고 추운 겨울을 나는 법을 가르쳐 줄 수 있으며, 사랑하는 사람을 위해서라면 목숨도 기꺼이 바칠 준비가 되어 있다.

천방지축 꽃사슴 인형이 하고 있는 작은 십자가 목걸이는, 그녀를 인디언 첩으로 삼고 싶어 하는 백인 남자가 원하기만 한다면 자기 부족도 버리고 기독교로 개종할 것임을 알려주는 증표다. 만약 천방지축 꽃사슴이 이 백인 남자와 맺어진다면, 우리

인종과 종교에 따른 고정관념들

아메리카 원주민 인형 시리즈의 두 번째 인형인 '무명의 인디언 첩'으로 교환도 가능하다. 그러나 만약 천방지축 꽃사슴이 백인 남자를 따라가지 않기로 결정하면 꼭 '옥수수 처녀' 인형으로 교환해야 한다. 그녀는 부족 내에서 대가족을 부양하며 씨족 공동체 내에서 중요한 지위에 있다가 나중에는 족장이 될 수도 있다.

중국 인형, 진주

진주는 모든 남자가 꿈꾸는 여성이다. 예쁘고 이국적인데다 남자 비위를 맞추는 데도 탁월하다. 그녀의 참을성, 온순함과 굴종은 전설적이다. 진주는 말 많고 탈도 많은 백인 아내들을 대신할 만반의 준비가 되어 있다! 그녀가 입는 옷은 전통 의상인 치파오 딱 하나뿐인데, 이거 하나면 그 어떤 미국식 옷과도 교환이 가능하다. 실제 통계상으로는 아시아 여자들이 백인 여자들보다 싹싹한 것도 아니라는 이야기가 있지만, 그러나 걱정 마시라. 우리 진주는 전혀 그렇지 않다.

진주는 게이샤 수미코 버전으로도 출시된다. 게이샤 인형은 엄청나게 전문적인 접대 기술을 배웠기 때문에 좀 더 비싸다. 보통 고아나 버려진 아이였던 게이샤들은 오랜 견습 기간을 거친 뒤 만반의 준비를 갖추면 마침내 재능을 팔기 시작한다. 그녀는 절대 한 남자에게 헌신하는 법이 없다. 본전은 확실히 뽑아야 하니까!

드래곤 레이디, 마담 엑스

책략 꾸미기를 좋아하는 공격적인 성격의 마담 엑스 인형은 몇 시간이고 당신의 혼을 쏙 빼놓을 수 있다! 친절이 지나쳐 독이 되는 진주와 달리, 마담 엑스는 그냥 독이다. 그녀는 남자를 유혹하고 나서는 언제 그랬냐는 듯 차갑게 등을 돌린다. 이 모든 일에 있어 그녀는 일말의 후회도, 그 알 수 없는 가느다란 눈과 무표정한 얼굴로 두 번 다시 쳐다보는 일도 없다. 마담 엑스 인형을 만들기 위해 우리는 〈앨리 맥빌〉에 나오는 아시아계 변호사 릴이나 아시아 독재자의 아내들을 참고했다.

마담 엑스는 다리 라인이 깊이 파인 착 달라붙는 중국식 비단 드레스를 입고 있다. 그녀의 발을 얽매고 있는 것은 이제 전족이 아니라 하이힐이다.

섹시한 멕시코녀, 로사

로사는 혈기 왕성한 라틴계 여성으로 시끄러운 살사 음악에 맞춰 춤추는 것을 좋아한다. 아담한 체구에 풍성한 검은 머리칼을 자랑하는 그녀는 다혈질이다. 숨겨진 버튼을 누르면 얼굴을 들이대며 당신이 항복할 때까지 말싸움을 할 만반의 태세를 갖추고 있다. 열정적인

인종과 종교에 따른 고정관념들

로사는 남자들과 시시덕거리기를 좋아한다. 그래서 백인 남자들은 그녀가 쉬운 여자라고 생각한다. 그러나 그녀의 마초 아버지와 오빠, 사촌 오빠 들에게 잘못 보이면 큰코다치는 수가 있다.

로사의 가족은 가난하지만 근면 성실하며 서로를 잘 이끌어 준다. 아마도 이것이 라틴계 여자들이 다른 사람들보다 네 배나 더 빨리 일을 시작하는 이유일지 모른다!

여우 같은 섹시녀, 티파니

티파니는 날씬한 몸매, 긴 다리와 탄탄하고 섹시한 가슴, 그리고 탱탱한 엉덩이의 소유자다. 티파니는 매우 매우 섹시하고 매혹적이다. 그녀의 이목구비는 다소 백인스럽다. 옷차림은 가죽이나 레이스가 달린 도발적인 옷을 좋아하고, 15센티미터도 넘는 손톱을 자랑한다. 그녀는 백인이나 아시아 소녀들보다 자신의 개성을 드러내는 법을 훨씬 잘 알고 있다. 남자들은 그녀에게 한 번 빠지면 헤어 나올 수가 없다. 그녀는 천상 요부다.

많은 흑인 여성들과 가끔 그녀의 스타일이 쿨하다고 생각하는 패션계, 연예계 백인 여자들도 티파니의 스타일을 따라 한다. 그녀는 같이 놀면 재미있지만, 잘 보고 있지 않으면 위험한 사내랑 눈이 맞아 큰 문제를 일으킬 수 있다.

왕엄마 교회 집사님, 사파이어

시트콤 〈에이머스와 앤디〉Amos N Andy의 〔스
티븐스 부인〕캐릭터*에서 따온 사파이어는
불굴의 의지의 소유자로 고집 세고 허튼 수
작은 절대 통하지 않는, 자기만의 생각이 확
실한 여성이다. 누구든지 사파이어에게 말대
답을 하면 즉시 머리통에 꿀밤이 날아온다. 백인
들의 말에는 배운 바대로 고분고분하지만, 흑인 남자들에겐 공포
그 자체다! 그녀는 자신과 똑같은 강력한 원군, 교회 자매들의 도움
을 받아 늘 흑인 남자들보다 한 수 앞선다. 동네일이라면 시시콜콜
모르는 게 없으며, 사사건건 참견한다. 그녀를 견뎌 낼 남자를 찾을
수 없어 그녀에겐 짝이 되는 남자 인형이 없다.

사파이어 인형에는 쉬지 않고 떠들어 대는 성대가 장착돼 있으며,
매주 교회에 갈 때 입는 정장과 큰 모자, 핸드백이 함께 따라온다.

복지 여왕, 라티샤

경고: 미국에서 생활보호 대상자는 항상 대부분이 백인들이었음에도 불구하고,
대중의 요구에 따라 라티샤는 흑인으로 만들어졌다.

---

* 미국 맨해튼 할렘 가의 흑인 가족 이야기를 다룬 시트콤이다. 1928년 라디오 시트콤에서
부터 인기를 얻기 시작해 1930년에는 영화로, 1951년부터는 텔레비전 시트콤으로도 만들
어졌다. 극 중 사파이어 스티븐스는 남편의 말에 호락호락하지 않으며 입이 험하고 고압적
인 태도를 지닌 여성이다. 흑인 여성에 대한 대표적인 고정관념 중 하나로 굳어진 그녀는
흑인 남성의 지배력에 도전하며 자기주장이 강한 흑인 여성을 상징한다.

불쌍한 라티샤! 그녀는 무직에 뚱뚱하고 너무 게을러서 하루 종일 하는 일이라곤 텔레비전 앞에서 패스트푸드를 먹는 것밖에 없다. 그러나 세간의 견해에 따르면 그녀는 여왕님인데, 복지부를 통해 당신 같은 선량한 미국 시민의 돈으로 자신의 고지서를 처리하게 만들기 때문이다. 그녀는 또한 다양성을 추구하는 여자라 여섯 애들의 아버지가 모두 다르다. 그녀가 적자 인생인 이유는, 모든 물건을 할부로 구입해 결국에는 비싼 이자를 물면서 두 배에 가까운 가격을 지불하는 꼴이기 때문이다.

라티샤의 창시자는 연설 중 '복지 여왕'이라는 말을 만들어 유행시킨 로널드 레이건이다. 복지법의 개정에 따라 라티샤는 생산이 중지될 수도 있기 때문에 사고 싶은 사람은 서두르는 게 좋다. 새로운 복지법 이후의 업데이트된 버전은, 풀타임 아르바이트를 두 탕이나 뛰면서 고혈압과 당뇨에 시달리며 밤이나 낮이나 돌보는 이 없이 집에 방치돼 있어서 심각한 문제를 겪고 있는 십대 아이가 몇 명쯤 딸려 있는 여성이 될 것이다.

하렘녀, 셰헤라자드

굴곡진 몸매에 배꼽을 드러낸 무슬림 여성 셰헤라자드는 램프 속에 살거나 하렘〔전통적인 이슬람 가옥에서 여자들이 생활하는 영역〕에 산다. 램프 속 셰헤라자드는 램프를 문지르면 소원을 들어주기 위

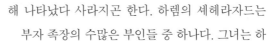

해 나타났다 사라지곤 한다. 하렘의 셰헤라자드는
부자 족장의 수많은 부인들 중 하나다. 그녀는 하
루 종일 다른 부인들과 빈둥거리다가 밤이
되면 남편이 자신을 섹스 상대로 간택해 주
기를 기다린다. 자유 시간에는 벨리댄스를
추거나 포도를 까먹는다.

셰헤라자드 인형은 들라크루아나 앵그르
같은 19세기 유럽 화가들의 작품과 1970년대
텔레비전 연속극 〈난 지니를 꿈꾸네〉I Dream
of Jeanni를 모델로 한 것이다. 의상은 등과 어
깨가 훤히 드러나는 상의와 하렘 바지, 그리고
감추는 것보다 드러내는 게 더 많은 섹시한 베일을 걸치고 있다. 그
외에 발가락 반지와 짙은 눈 화장, 그리고 움직일 때마다 시끄러운
소리가 나는 무거운 장신구가 액세서리로 따라온다.

무슬림 현모양처, 니즈린

박복한 니즈린! 그녀의 아버지는 부자 신랑감
을 찾지 못하자 그녀를 무슬림 근본주의자에게
시집보내 버렸다. 그는 그녀에게 침묵을 강요하
고, 투명 인간 취급하며 글조차 배우지 못하게
했다. 그녀의 모습에서 보이는 것이라곤 베일에
싸인 슬픈 눈 말고는 말 그대로 아무것도 없다!
학교에 가고 싶다거나 취직을 하고 싶다거나 하는
등의 그 어떤 권리도 그녀는 상상조차 해본 적이

인종과 종교에 따른 고정관념들

없다. 그녀가 해볼 수 있는 것은 단 한 가지, 아이를 가지는 것뿐인데, 그 아이는 장차 자살 폭탄 테러범이 될지도 모른다!

옷은 밝은 색깔의 부르카와 검은 차도르를 걸치고 있다. 안에는 원하는 대로 뭘 입혀도 무방하다!

흑인 남자를 몰고 다니는 백인 여자, 수전

수전은 거의 먹지를 않는다. 그래서 몸매가 밋밋하다. 하지만 그녀는 호된 열병〔정글 피버〕*과도 같은 연애를 한다! 가진 것도 별로 없고 잘 추는 춤도 없지만, 백인 여자라면 사족을 못 쓰는 돈 많고 유명한 흑인 남자가 있기 때문이다!

수전은 그저 금발에 파란 눈을 가진 전시용일 뿐이니 제대로 된 대화는 기대하지 않는 게 좋다. 그녀는 유머 감각이라곤 눈꼽만치도 없는 매우 지루한 인형이다. 다른 백인 친구들과 마찬가지로 건방지고 거만하지만, 자기가 그런지는 잘 모른다. 하지만 돈 많은 흑인 남자들과 데이트할 때면 제대로 정신이 박힌 흑인 여자라면 절대 용납하지 않을 온갖 종류의 욕설과 학대를 고스란히 견디고 있을 것임을 확실히 보장한다!

주의: 절대 수전이 흑인 농구 선수들을 쫓아다니며 시간 낭비하도록 하지 마라. 미디어가 뭐라 하건 실제 NBA의 아프리카계

* 백인 여비서와 혼외정사를 벌이다 사회적으로 큰 열병을 치르게 되는 흑인 남자를 주인공으로 한 스파이크 리 감독의 영화 제목이기도 하다.

미국인 선수들은 수전 같은 여자와 사귀거나 결혼하지 않는다.

트레일러에 사는 백인 쓰레기녀, 샐리 메이

샐리 메이는 찢어지게 가난한 집안 출신으로 어린 시절 대부분을 트럭의 뒷좌석에서 보냈다. 거기서 그녀는 컨트리음악을 들으며 나중에 요긴하게 쓰일 중요한 말들의 철자법을 배울 수 있었다. 예를 들면 '이혼' 같은 말. 완전히 하얗게 탈색한 머리에서는 지독한 냄새가 나고 싸구려 옷들은 모두 몸에 달라붙는 주름 장식의 폴리에스테르 소재뿐이다.

샐리 메이 인형에는 시골뜨기 백인 남자 친구도 덤으로 따라온다. 애석하게도 그녀의 남자 친구는 전부 다 나쁜 남자다. 그러나 우리의 샐리 메이는 그를 평생 사랑할 것임을 보장한다. 넣다 뺐다 할 수 있는 그녀의 심장은 깨져도 다시 조립 가능하다. 운이 좋다면 다른 부분은 부서지지 않을 수도 있다! 그녀의 야무진 꿈은 언젠가 〈제리 스프링거 쇼〉*에 출현해서 고민 상담을 받는 것이다. 샐리 메이 인형을 사면 다 부서져 가는 트레일러와 스팸, 감자칩, 인공 치즈, 케첩으로 구성된 가짜 식사 세트도 따라온다.

* 전직 정치인 제리 스프링거가 진행하는 NBC 방송국의 토크쇼. 주로 커플이 나와 불륜 같은 선정적인 소재의 사연을 이야기하다가 서로 싸우고 주먹을 날리기도 한다. 마지막에 제리 스프링거가 코멘트를 하며 상황을 수습한다. 엄청난 인기와 동시에 난장판 막장쇼라는 비판의 목소리도 만만치 않다.

인종과 종교에 따른 고성관념들

고정관념을
넘어서

우리 게릴라걸스는 이 책을 함께 쓰면서 정말 즐거웠다. 몇 년 전 우리는 예전에는 미처 몰랐던 것들을 알게 됐는데, 그때부터 우리는 게릴라걸스만의 방식으로, 그러니까 알찬 정보에다가 유머를 가미해 기존의 고정관념들을 약화시킬 수 있을 것 같다는 생각을 하기 시작했다. 여기서 우리가 발견한 것들은 다음과 같다.

첫째, 고정관념은 끊임없이 변화한다. 시대, 특정 사건, 때로는 특정 인물들이 어떻게 특정 고정관념의 형성과 진화에 영향을 미치는가를 살펴보는 작업은 정말 흥미로웠다. 미국에서 빔보가 지금은 멍청한 백인 금발 여자를 의미하지만, 언젠가는 끝내주게 똑똑한 흑인 여성 우주비행사를 의미하게 될지는 아무도 모르는 일이다.

둘째, 미디어는 (트로피 와이프나 페미나치처럼) 새로운 고정관념을 만들어 내고 (프리마 돈나나 노처녀처럼) 오래된 고정관념을 영속시키는 데 있어

상상도 할 수 없을 만큼 엄청난 힘을 가진 권력체다.

마지막으로, 민권 운동, 여성 운동, 성소수자 운동 등 20세기 해방 운동들이 이루어 낸, 여성들의 삶에 있어서의 엄청난 변화들에 비추어 볼 때, 현재 여성에 관한 고정관념들은 그 변화의 발끝조차 따라잡지 못하고 있다. 그래서 우리는 사회가 이 같은 경향에 좀 더 발맞출 수 있도록 고정관념 제거 세트를 디자인해 보았다. 당신이 매일매일 마주하는 부당하고 진부한 고정관념들과 싸우는 데 이것이 조금이나마 도움이 될 수 있기를 바란다. 모두 함께 게릴라걸스처럼 여성에 대한 고정관념에 저항하며 미쳐 날뛰어 보자. 주변에 당신을 비하하고 얕잡아 보는 사람에게 이 세트를 사용해 보면 좋겠다. 그리고 게릴라걸스에게 당신이 어떤 소동을 일으켰는지 gg@guerrillagirls. com으로 꼭 후기 남겨 주시라.

게릴라걸스의 스스로 고정관념 제거 세트

여기 당신이 고정관념 퇴치사가 될 수 있도록 도와줄 몇 가지 도구를 소개한다. 먼저 다음에서 소개할 포스터, 엽서, 배지 도안들에 착안해 자기만의 고정관념 제거 세트를 만들어 배포해 보라. 게릴라걸스 홈페이지guerrillagirls.com에서 다른 포스터와 스티커 디자인들도 내려받기가 가능하다. 이런 것들을 나름대로 변형해 여자는 안 된다는 편견이 도사리고 있는 곳, 좀생이 같은 마초들이 암약하는 곳이라면 어디든 전시해 보는 것도 좋을 것이다. 바빠도 재미를 챙기는 긴 잊지 말시길!〔한국 페미니스트들의 목소리도 추가해 두었다〕

———————————————— 님께,

최근 우리는 귀하께서 여성에 대한 부정적 고정관념을
강화시키고 있음을 알게 되었습니다.

———————————————— 의 전언에 따르면,

당신은 그녀를 마치 ———————————처럼 다루었더군요.

이에 우리는 이 같은 행동을 당장 멈출 것을 권고합니다. 그러지
않을 경우 대가를 치르게 될 것입니다.

화가 난 페미니스트들이 몰려들면 어떻게 될지 아시죠?

애정을 듬뿍 담아,
게릴라걸스 올림

위의 엽서를 적절한 상황에 바로 그 특별한 사람에게 보내 보세요.

이 배지를 달고 그가 절대 잊지 못할 메시지를 보내 보세요.

난 그런 여자가 아니라고.
이 여자 피 빨아먹는
기둥서방 기생오라비 제비족
포주 깡패새끼 성폭행범
조폭 아재 남성우월주의자
마초야!

게릴라걸스로부터

　　　　　　　　　　고정관념을 넘어서

너무 적극적이야
말을 너무 잘 들어
너무 공격적이야
너무 귀여워
여자랑 한다며?
남자를 밝힌다며?
섹스가 싫대
너무 예뻐 / 예쁘지가 않아
아시아계라며?
라틴계라며?
아프리카계라며?
유럽애라며?
아랍애라며?
원주민 출신이라며?
결혼했다며? / 싱글이라며?
너무 어려 / 이제 아줌마지
너무 늙었어

미국에서 전체 여성의 수입은
남성의 3분의 2,
여성 아티스트들의 경우
이는 3분의 1에 불과하다.

WOMEN IN AMERICA EARN ONLY 2/3 OF WHAT MEN DO.
WOMEN ARTISTS EARN ONLY 1/3 OF WHAT MEN ARTISTS DO.

A PUBLIC SERVICE MESSAGE FROM **GUERRILLA GIRLS** CONSCIENCE OF THE ART WORLD

©게릴라걸스, 1985/86

　　　　　　　　　　　고정관념을 넘어서

한국이 OECD 회원국들 가운데서
14년간 1위를 놓친 적이 없는 분야가 하나 있다.
남녀 임금격차

2014년 현재, 한국에서 남자가 100만 원 벌 때 여자는 63만 3천 원을 번다.

유리천장지수 4년간 꼴찌

한국의 500대 기업 중 여성 임원 비율
2.3%

삼성전자 임원 1,188명 중 여성 48명
4.0%

현대자동차 임원 266명 중 여성 2명
0.8%

한국전력공사, 현대중공업, 기아자동차 등 238개 기업
여성 임원 0명

BUS COMPANIES ARE MORE ENLIGHTENED THAN NYC ART GALLERIES.

% of women in the following jobs*

Bus Drivers	**49.2%**
Sales Persons	**48**
Managers	**43**
Mail Carriers	**17.2**
Artists represented by 33 major NYC art galleries	**16**
Truck Drivers	**8.9**
Welders	**4.8**

*Sources: U.S. Bureau of Labor Statistics, Art in America Annual

Please send $ and comments to:
532 LaGuardia Pl. #237, NY 10012

GUERRILLA GIRLS CONSCIENCE OF THE ART WORLD

ⓒ게릴라걸스, 1989/90

버스회사가 뉴욕 갤러리들보다 낫다

다음 직업들에서 여성의 비율(%)

버스 운전사 49.2
판매원 48
매니저 43
우편배달부 17.2
33개 주요 뉴욕 갤러리들에 작품을 전시 중인 예술가들 16
트럭 운전사 8.9
용접공 4.8

간접차별이란, 채용 및 근로 조건을 동일하게 적용하더라도 통계적으로 특정 성별 구성원이 상대 집단의 80퍼센트 미만일 때 불리한 경우가 행해졌다고 보는 것이다. 이를 이른바 '5분의 4룰'이라고 한다.

한국에서 다음 직업들에서의 여성 비율(%)(2013년 기준)

판사 27.4
검사 25.4(부장검사급 이상 3)
사립대 교수 23.1
변호사 19.4
국공립대 교수 13.1
소방관 6.3(90퍼센트는 하위직)
경찰 7.6(80퍼센트는 하위직)
영화감독 5.2(2015년 전체 개봉작 기준)
기업임원 2.3(2014년 기준)
기초자치단체장 1
조종사 0.4
광역단체장 0

왜 우리는 항상
'여성 예술가'라
불려야 합니까?
사람들은 렘브란트와
고흐를 '남성 예술가'라
부르지 않습니다.

—조지아 오키프

- -

미국 워싱턴 주에서 2013년부터 쓰지 않기로 한 말들

~~policemen~~ police officers 경찰관
~~freshmen~~ first-year students 신입생
~~firemen~~ fire fighters 소방관
~~watchman~~ safety guard 파수꾼
~~fisherman~~ fisher 어부
~~ombudsman~~ ombuds 옴부즈(맨)
~~penmanship~~ handwriting 필적
~~he~~ he or she 그 또는 그녀

고정관념을 넘어서

한자어의 경우, 계집 녀女자가 들어 가면 대부분이 부정적 의미다. 낮을비卑 여자는 계집종 비婢, 여자를 취해取 오는 것은 장가들 취娶. 여자가 다른 집家에 가면 시집 갈 가嫁, 여자가 오래老 되면 시어머니 고姑가 된다. 이 밖에 질투할 투妬, 간사할 간奸, 미망인未亡人(아직 따라 죽지 못한 사람) 등도 마찬가지다.

그렇다면 우리말은 어떨까?

- 여자임을 밝히지 않고는 못 배기는 말: 여왕, 여사장, 여배우, 여종업원, 여비서, 여직원, 여공, 여변호사, 여검사, 여형사, 여경, 여교수, 여기자, 여선생, 여군, 여의사, 여장부, 여간첩, 여류 작가, 여류 소설가, 여류 비행사
- 순결 이데올로기를 나타내는 말: 처녀작, 처녀비행, 처녀성
- 호명 순서가 성차별: 부모, 자녀, 남녀 / 편모편부, 엄마아빠, 년놈, 암수
- 여자를 집안에 묶어 두려는 말: 아내, 집사람, 안주인, 안방마님, 안식구, 안방지기
- 시집가면 남남?: 출가외인, 외外할아버지, 외할머니, 외가, 외손자

참고: 국립국어원·한국여성정책연구원, "사회적 의사소통 연구: 성차별적 언어 표현 사례 조사 및 대안 마련을 위한 연구"(2007).

GUERRILLA GIRLS' POP QUIZ.

Q. If February is Black History Month and March is Women's History Month, what happens the rest of the year?

A. Discrimination.

BOX 1056 Cooper Sta. NY, NY 10276 **GUERRILLA GIRLS** CONSCIENCE OF THE ART WORLD

ⓒ게릴라걸스, 1989/90

게릴라걸스의 깜짝 퀴즈

2월은 흑인의 달,
3월은 여성의 달,
그러면 나머지 달은?

정답. 차별의 달

고정관념을 넘어서

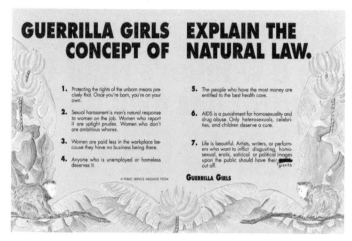

우리가 자연법 개념을 설명해 보겠다.

1. 권리 보호는 정확히 엄마 뱃속에 태아로 있을 때까지다.
   일단 엄마 배 밖으로 나오면 그때부턴 네 권리는 네 스스로 챙겨라.
2. 성희롱은 직장 생활을 하는 여성들에 대한 남성들의 자연스런 반응이다.
   이에 대해 이러쿵저러쿵하는 여자들은 재미없는 내숭녀들이고,
   그러지 않는 여자들은 야심 찬 창녀들이다.
3. 직장에서 여성들의 임금이 남성들보다 낮은 것은 하는 일이
   아무것도 없기 때문이다.
4. 직업이 없거나 집이 없는 사람들은 그럴 만한 사람이기 때문에 그런 거다.
5. 돈이 있어야 건강보험 혜택을 받을 자격도 있다.
6. 에이즈는 동성애와 약물 남용에 대해 하늘이 내린 벌이다.
   오직 이성애자, 유명인, 아이 들만이 치료약을 받을 자격이 있다.
7. 인생은 아름다운 것. 구역질나는 동성애적, 풍자적, 정치적 이미지들로
   대중에게 해를 가하는 예술가, 작가, 연예인 들은 밥줄을 끊어 마땅하다.

Republicans <u>do</u> believe in a woman's right to control her own body!

Dyed hair & make-up

Nose jobs

Face lifts

Liposuction

Breast implants

Anorexia & Bulimia

Foot-binding

Clitorectomies

A PUBLIC SERVICE MESSAGE FROM **GUERRILLA GIRLS** 532 LaGUARDIA PL. #237, NY 10012

게릴라걸스, 1992/94

공화당이 신봉하는 여성의 자기결정권은?

머리 염색과 화장 / 코 성형
주름 제거 / 지방 흡입
가슴 성형 / 거식과 폭식
전족 / 음핵절제

형법 269조 1항.
부녀가 약물 기타 방법으로 낙태한
때에는 1년 이하의 징역 또는
200만 원 이하의 벌금에 처한다.

우리가 원하는 자기 결정권

〈당신은 사랑받기 위해 태어난 사람〉

우리는 애 낳는 기계가 아니랍니다
그러나 우리들은 임신을 강요받지요
남자들은 콘돔을 하기 싫다 하지만
우리가 임신을 하면 도망을 가고
낙태를 한다 하면 살인마라 하네
우리에게 임신 거부 결정권을 내놔
우리는 기계가 아니라 사람이잖아

내 자궁은 공공재가 아니다
덮어 놓고 낳다 보면, 내 경력만 단절된다
덮어 놓고 낳다 보면, 내 인생은 개망한다

—2016년 10월, 광화문, 낙태죄 폐지를 위한 검은 시위에서

WHAT DO THESE MEN HAVE IN COMMON?

CARL ANDRE
ACQUITTED IN 1988 OF MURDERING HIS WIFE,
ANA MENDIETA

O.J. SIMPSON
ACQUITTED IN 1996 OF MURDERING HIS EX-WIFE,
NICOLE BROWN

**Every 15 seconds, another woman is assaulted by her husband
or boyfriend. Some of these assaults end in murder. Usually
there are no eyewitnesses to these crimes.**

A PUBLIC SERVICE MESSAGE FROM **GUERRILLA GIRLS** CONSCIENCE OF THE ART WORLD
532 LeGUARDIA PLACE, #237· NY,NY 10012

©게릴라걸스, 연도 미상

두 남자의 공통점은?

칼 안드레 / 1998년 아내 살해 혐의 무죄
O. J. 심슨 / 1995년 아내 살해 혐의 무죄

15초마다 여성들은 남편과 남자친구들에게 폭행당하고 있다. 이런
폭행이 결국은 살인으로 끝나는 경우도 많다.
보통 이런 류의 범죄에는 목격자가 없다.

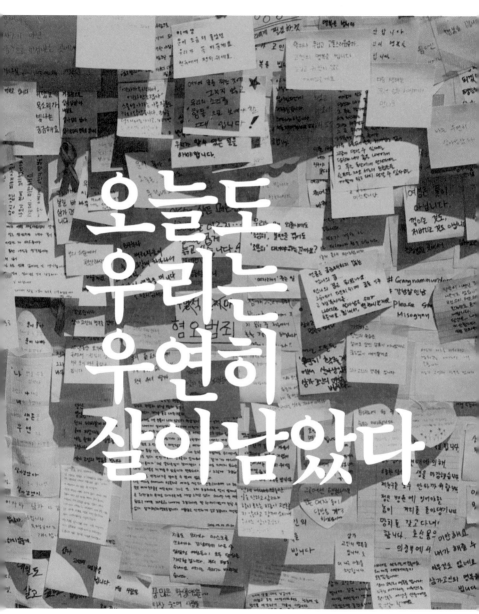

오늘도
우리는
우연히
살아남았다

— 2016년 5월 18일, 강남역 살인 사건 생존자들

TOP TEN WAYS TO TELL IF YOU'RE AN ART WORLD TOKEN:

10. Your busiest months are February (Black History Month), March (Women's History), April (Asian-American Awareness), June (Stonewall Anniversary) and September (Latino Heritage).

9. At openings and parties, the only other people of color are serving drinks.

8. Everyone knows your race, gender and sexual preference even when they don't know your work.

7. A museum that won't show your work gives you a prominent place in its lecture series.

6. Your last show got a lot of publicity, but no cash.

5. You're a finalist for a non-tenure-track teaching position at every art school on the east coast.

4. No collector ever buys more than one of your pieces.

3. Whenever you open your mouth, it's assumed that you speak for "your people," not just yourself.

2. People are always telling you their interracial and gay sexual fantasies.

1. A curator who never gave you the time of day before calls you right after a Guerrilla Girls demonstration.

A PUBLIC SERVICE MESSAGE FROM **GUERRILLA GIRLS** CONSCIENCE OF THE ARTWORLD
532 laGUARDIA PLACE, #237 · NY NY 10012

©게릴라걸스, 1995/99

예술계에서 당신이 〔구색 맞추기용〕 토큰임을 알 수 있는
열 가지 방법

⑩ 가장 바쁜 달이 2월(아프리카계 미국인의 달), 3월(여성의 달),
4월(아시아계 미국인의 달), 6월(스톤월 항쟁 기념의 달), 그리고
9월(라틴계의 달)이다.

⑨ 전시회 개막식에 가보면 당신 말고 유색인종은
서빙하는 사람뿐이다.

⑧ 당신의, 작품은 모를지언정 당신의 인종, 성, 성적 취향은
모두가 알고 있다.

⑦ 당신의 작품은 전시하려 하지 않는 박물관이
연속 강연회 자리는 항상 당신에게 준다.

⑥ 최근 전시회가 성황리에 끝났지만 들어온 돈은 없다.

⑤ 미국 동부의 모든 예술학교들에서 비정년 강의 전담 자리에
항상 마지막 후보로 오른다.

④ 당신 작품을 한 점 이상 구매한 수집가가 없다.

③ 당신이 무슨 말을 하든 항상 한 개인의 말이 아니라
'당신이 속한 부류의 사람들'을 대변하는 말로 받아들여진다.

② 사람들이 항상 당신에게 다른 인종 간의 섹스나
동성애 관계에 대한 판타지들을 늘어놓는다.

① 전에는 한 번도 시간을 내준 적이 없던 큐레이터가
게릴라걸스의 시위 직후 전화를 걸어온다.

해부학적으로 올바른
오스카를 원한다.

백인 남성의 형상을 한 상패를 보라.
늘 수상을 하는 바로 그 남자들과 똑같다!

최고 감독상을 탄 여성은 한 명도 없었다.
최고 시나리오상의 92.8퍼센트가 남자들에게 돌아갔다.
연기상을 탄 유색인들은 5.5퍼센트밖에 안 된다.

©게릴라걸스, 2000/02

고정관념을 넘어서

카메라를 든 여자들

1963년부터 2016년까지 37회에 걸친 청룡영화상 감독상, 작품상
수상자 가운데
여성 감독은 0명

1965년부터 2016년까지 52회에 걸친 백상예술대상 영화 부문
감독상 수상자 가운데
여성 감독은 1명(〈화차〉의 변영주 감독)

1962년부터 2016년까지 53회에 걸친 대종상 감독상
여성 감독은 0명
최우수 작품상 수상작 가운데
여성 감독의 연출작은 1편(이정향 감독의 〈집으로〉)

2015년 흥행작 22편(관객 1백만 이상) 중 여성 감독은 0명
2015년 흥행작 22편(관객 1백만 이상) 중
여성 주연 두 명이 대화를 하는 경우는,
〈차이나타운〉 단 1편뿐이었다.

아카데미 역사에서 최초의 여성 최우수 감독상 수상자는
2010년, 82회 만에 탄생했다.

Where are the women artists of Venice? Underneath the men.

It isn't La Dolce Vita for female artists in Venice.
Over the centuries, this city has been home to great artists like Marietta Robusti, Rosalba Carriera, Giulia Lama, and Isabella Piccini. They and many others succeeded when women had almost no legal rights and rules were set up to keep them out of the artworld. Where are the girl artists of Venice now? Underneath...in storage...in the basement. Go to the museums of Venice and tell them you want women on top!

FREE THE WOMEN ARTISTS OF VENICE!

©게릴라걸스, 2004

| Of more than 1,238 artworks currently on exhibit at the major museums of Venice, fewer than 40 are by women. | Accademia: 2 women artists in collection, 2 on view | Quadreria: 0 women artists in collection, 0 on view | Ca' Rezzonico: 6 women artists in collection, 4 on view | Museo Correr: 15 artworks by women in collection, 0 on view | Ca' Pesaro International Gallery of Modern Art: 120 artworks by women in collection, 2 on view | Guggenheim Venice: At least 18 women artists in collection, 2 on view inside Peggy's house — one of them in the bathroom! |

GUERRILLA GIRLS

베니스의 여성 아티스트들은
어디에 있을까?

바로 남자들 아래.

유럽의
여성 아티스트들에게
자유를

박물관들은 대부분의 여성 아티스트들을
창고, 지하실, 아니면 남자들 밑에 두고 있다.
우리는 위에 있는 여성들의 모습을 좀 더 많이 보고 싶다!

PRESIDENT TRUMP ANNOUNCES NEW COMMEMORATIVE MONTHS!

	was	now
Feb	African American History Month	Ku Klux Klan Month
Mar	Women's History Month	Locker Room Talk Month
Apr	Immigration Awareness Month	Extreme Vetting Month
May	Asian American Heritage Month	Internment Camp Heritage Month
Jun	LGBTQ Pride Month	Pray The Gay Away Month
Sep	Latino Heritage Month	Mass Deportation Month
Oct	Disability Awareness Month	Supermodel Month
Nov	American Indian Heritage Month	White Peoples Month

GUERRILLAGIRLS.COM

©게릴라걸스, 2016

고정관념을 넘어서

트럼프 대통령의 기념달 개정안

	과거	현재
2월	아프리카계 미국인의 달	KKK단원의 달
3월	여성의 달	음담패설의 달
4월	이민자의 달	이민자 색출의 달
5월	아시아계 미국인의 달	포로수용소의 달
6월	성 소수자의 달	게이 퇴치를 위해 기도하는 달
9월	라틴계 유산의 달	대량 국외추방의 달
10월	장애인의 달	슈퍼 모델의 달
11월	아메리카 원주민의 달	백인의 달

이 책을 쓸 수 있도록 우리에게 영감을 준 과거와 현재의 모든 게릴라걸스에게 무한한 감사의 마음을 전합니다! 그리고 우리를 초대해 준 전 세계의 수많은 지지자들에게도 감사합니다. 수많은 이메일을 통해 격려의 메시지를 보내 준 독자들 덕분에 끝날 것 같지 않던 게릴라걸스의 작업은 의미 있는 결과물로 탄생했습니다. 이 책을 가능하게 해준 댄 멘델과 편집자 웬디 울프도 잊을 수 없는 사람들입니다. 웬디는 수년간 우리를 믿고 지켜봐 주었지만 여전히 우리가 진짜 누군지 알고 싶어 하지 않는답니다! 클로딘 메러디스-구종, 데이나 로젠, 레이첼 해리스, 시오 쳉, 크리스틴 잘레스카스에게도 고마움을 전합니다. 수많은 사람들이 이 책을 쓰는 데 도움을 주었지만 특히 진정한 개코원숭이 소년 리처드 로스는 큰 도움이 되어 주었습니다.

특별히 언급해야 할 사람들은 다음과 같습니다. 앨리슨 앤더스, 앨리스 바흐, 타마르 베싱어, 앨리스 로카세스, 신디 버나드, 에이미 블라이어, 가브리엘라 카스타네다, 휘트니

채드윅, 수지 두리틀, 릴리언 패더만, 팸 키세이, 마르시아 앤 길레스피, 애비 골드스타인, 리처드 골드스타인, 비앙카 그리쇼, 수전 그로드, 새라 야콥슨, M. G. 로드, 로빈 모건, 톰 뮬러, 조슬린 응우엔, 데이비드 플래츠커, 낸시 사보카, 씨 스콧, 로라 샤피로, 글로리아 스타이넘, 앨리슨 스트릭랜드, 노엘 스터전, 하루코 다나카, 미셸 토트, 벳시 토머스-트레인, 트레이시 타이넌, 캐롤 웰스, 정치그래픽연구소, 린 젤레반스키, 그리고 마지막으로 A.L., C.L., N.W.

우리는 전 세계에 흩어져 있는 당신들의 이야기가 궁금합니다. 홈페이지 www.guerrillagirls.com나 페이스북으로 연락해 주세요.

* 게릴라걸스는 1985년 이후로 페미니즘을 독창적으로 재정의해 오고 있습니다. 책을 쓰지 않을 때는 뭘 하느냐고요? 고릴라 비즈니스에 바쁘답니다! 우리는 전 세계 곳곳에서 교묘히 숨겨진 차별과 싸우는 이들을 응원하기 위해, 새로운 페미니스트 액션 아이디어를 가지고 어디든 고릴라 차림으로 나타날 거예요.

2016년 처음 후마니타스 출판사로부터 이 책의 번역을
의뢰받았을 때, 솔직한 말로 나는 아직도 한국에 페미니즘
서적을 읽는 사람, 읽고 싶어 하는 독자들이 있다는 사실에
조금 놀랐다. (미안합니다.) 2000년대 초부터 주로 대학을 통해
페미니즘을 접하고, 페미니스트 활동을 한 나와 내 또래
친구들은 종종 영페미니스트로 분류되곤 하는데, 사실 지금에
와서 생각해 보면 그 경험들이 마냥 행복한 것만은 아니었기
때문이다.

영페미니스트 중에도 조금 이전 세대에 속하는 1990년대
페미니스트들과 달리, 2000년대 초반은 대학 내 페미니즘이
이전에 가졌던 동력을 서서히 잃어 가는 시기였다. 한마디로
페미니즘의 목소리는 커지고, 공감하는 사람들도 많아졌지만,
반대로 그것을 불편하게 여기고, 식상하다고 매도하는 목소리
역시 힘을 얻기 시작한 것이다. 한편으로는 전 국민에게 한
치 앞을 모르는 불안한 삶의 방식을 새겨 준 IMF가 터지고,
신자유주의 시장에 내몰린 이십대들의 생존경쟁이 급속도로

치열해졌다. 이렇듯이 나의 페미니스트로서의 이십대는 이전 세대의 페미니스트들이 이룬 멋지고 신나는 업적들과 서서히 와해되어 가는 페미니스트 모임들을 바라보는 지금의 현실 사이에서 갈팡질팡하며 발 디딜 곳을 찾아야 했던 시기이기도 했다.

하지만 내가 최근 깨달은 것이 있다면 나의 나약하고 암울한 전망을 모두가 공유한 것은 아니었다는 사실이다. 최근 다시 한 번 부흥기를 맞은 페미니즘이 바로 그렇다. 하나의 운동이 망하면, 하나의 단체가 없어지면, 또 다른 운동이 시작되고, 또 다른 단체가 생겼던 것이다. 그리고 지금 반짝반짝 빛나는, 훨씬 더 용감하고 아이디어가 넘치는 새로운 페미니스트들이 새로운 이름으로 내 앞에 서있다. 광우병 집회에 나타난 삼국까페 회원들, 투쟁의 현장에 밥차를 몰고 온 82쿡 회원들, 다양한 비혼의 삶을 실천하고 있는 언니네트워크, 춤추고 연주하고 노래하는 페미니스트 딴따라들, 이리저리 바쁘게 움직이는 레즈비언 페미니스트들, 그리고 혜성처럼 등장해 모두를 적으로 만들어 버린 '막 나가는 년'들의 모임 메갈리아까지. 내가 이 모든 이들의 투쟁 방식을 제대로 이해할 수 있는 것은 아니지만, 어쨌든 페미니즘이 여전히 한국 사회에서 역동적으로 변화하며 시대와 호흡(혹은 싸움)하는 광경을 바라보는 것은 나에겐 감동적인 경험이었다.

그러나 이 새로운 세대의 페미니스트들이 아무것도 없는 곳에서 갑자기 생겨난 것은 아닐 것이다. 그것은 나처럼 너무 쉽게 포기해 버리는 사람들 말고도 자신의 자리를 지키며 묵묵히 자기 길을 걷던 내 친구들, 언니들, 그리고 이름도 알지 못하는 수많은 페미니스트들이 있었기에 가능한 일이었다고 감히 말해 본다. 내 페미니즘의 시작 역시 고등학교 때 인터넷에서 우연히 발견한 〈이프〉나 〈두 입술〉의 글들을 감탄하며 읽은 것이 아니었던가.

한국의 페미니즘이 세대를 넘나들며 지속되는 것처럼, 여성들의 숨겨진 역사를 발굴하고 재정의하며 거의 삼십 년 가까이 이어져 온 게릴라걸스의 활동은 언제나 내게 유쾌함과 부러움을 느끼게 해준다. 이 '난년들'은 이미 아주 오래전부터 이런 작업을 해오고 있었다. 『그런 여자는 없다』는 주로 서구에서 오랫동안 이어져 온 성차별적 고정관념에 관한 게릴라걸스의 막대한 리서치와 재치 있는 비틀기가 담긴 책이다. 이들은 '백의의 천사' 나이팅게일의 당찬 모습을 공개하고, 금발녀에게 가해지는 성차별적인 편견을 고발하며,

잡년을 긍정적으로 해석하고, 여자들의 금기시된 사랑의 역사를 들려준다. 물론 이 같은 신역사주의적 작업이 페미니즘 역사학, 사회학, 문학 연구자들을 중심으로 한국에서도 최근 십 년간 활발하게 논의되고 있지만, 여전히 대중에게 이런 문화적 컨텐츠를 단순한 스캔들이 아닌, 페미니즘적 관점에서 풀어내는 작업은 갈 길이 멀다고 생각한다.『그런 여자는 없다』가 그런 시도에 분명히 하나의 힌트가 될 수 있다고 믿는다.

　『게릴라걸스의 서양미술사』를 번역한 인연으로 다시금 게릴라걸스의 이 책도 번역을 맡게 됐지만, 남의 글을 온전하게 바꾸는 것은 여전히 너무 어렵다. 특히 정치적 올바름을 중요하게 생각하는 페미니스트 담론과 차별적 편견을 번역하는 가운데 균형을 잡는 것이 쉽지 않은 작업이었고, 동시에 많은 생각할거리를 주었다. 또한 서양의 대중문화 아이콘들이 한국 독자들에게 얼마나 다가갈 수 있는지도 걱정거리였다. 그런 맥락에서 틈틈이 삽입된 "설치고 생각하고 떠들기" 코너들은 게릴라걸스가 제시한 서구적 고정관념들의 한국적 버전들을 첨가하려고 노력한 흔적이다. 무조건적으로 서양의 담론을 그대로 받아 옮기는 것이 아니라, 우리에게도 숨겨진 여성들의 역사가 있었음을, 여전히 오늘을 치열하게 살고 있는 여성들의 존재가 있음을 말하고 싶었다.

마지막으로 감사의 말을 전하고 싶은 사람들이 있다.
무엇보다 책이 나오기까지 함께 고생한 후마니타스 출판사와
편집자 이진실 씨에게 감사드린다. 좋은 출판사와 편집자를
만나는 것은 모든 작가와 번역가의 꿈이다. 많은 것을 배웠고,
정말 좋은 책을 만들기 위해 최선을 다해 주셨기에 가슴 깊이
감사하다. 그리고 미국 대중문화와 관련해 잘 모르는 부분이
나올 때마다 달려가 도움을 구했던 조Joe에게도 감사한다. 항상
나를 위해 기도하는 어머니와 이모, 동생에게도 사랑과 감사를
전한다.

　마지막으로 이 책을 쓴 게릴라걸스와 이 책을 읽어 줄
독자들에게 감사의 인사를 전하고 싶다. 자기 삶에 긍정적
메시지를 던져 줄 역할 모델을 가지고 싶은 소녀들과 젊은
여성들, 그리고 이들을 격려하는 사람들이 이 책을 읽어 주면
좋겠다. 된장녀, 김치녀의 시대를 살고 있는 우리, 여성 혐오적
고정관념에 자신을 맞추고 싶지 않은 여자들이 게릴라걸스의
재치 있는 고정관념 뒤집기 기술을 배워 현실에서 유용하게
써먹을 수 있으면 기쁘기 그지없겠다. 그래서 우리 더 많은
'그런 여자'들을 없애고, 더 많은 '이런 여자'들을 만들자!

　좋은 글로 다시 만날 수 있기를.

2017년 2월
우효경

옮긴이 후기

책

Abbott, Elizabeth. A History of Celibacy. New York: Scribner, 2000[『독신의 탄생: 금지된 성적 욕망에서 도발적 자유 선언까지 독신의 진화사』, 엘리자베스 애보트 지음, 이희재 옮김, 해냄, 2006].

Albert, Alexa. Brothel. New York: Random House, 2001.

Baldwin, Louis. Women of Strength: Biographies of 106 Who Have Excelled in Traditionally Male Fields, A.D. 61 to the Present. Jefferson, North Carolina: McFarland & Company, Inc., 1996.

Basow, Susan A. Gender Stereotypes and Roles. Third Edition. Pacific Grove, California: Brooks/Cole Publishing Company, 1992.

Butler, Anne M. Daughters of Joy, Sisters of Mercy: Prostitutes in the American West 1865-90. University of Illinois Press: Chicago, 1985.

Carter, Alice A. The Red Rose Girls: An Uncommon Story of Art and Love. New York: Harry N. Abrams, Inc., Publishers, 2000.

Chapkis, Wendy. Live Sex Acts—Women Performing Erotic Labor. New York: Routledge, 1997.

Corey, Mary, and Victoria Westermark. Fer Shurr: How to be a Valley Girl, Totally. Bantam Books: New York, 1982.

Dalzell, Tom. Flappers 2 Rappers: American Youth Slang. Springfield, Massachusetts: Merriam-Webster, Inc., 1996.

Encyclopaedia Britannica, Inc., Encyclopaedia Britannica Online, www.britannica.com/eb

Faderman, Lillian. Odd Girls and Twilight Lovers: A History of Lesbian Life in Twentieth-Century America. New York: Penguin Books, 1992.

_____. To Believe In Women: What Lesbians Have Done for America—A History. New York: Houghton Mifflin Co., 1999.

Feinberg, Leslie. Transgender Warriors: Making History from Joan of Arc to RuPaul. Boston: Beacon Press, 1996.

Flapper. Vol. 1, Nos. 1-7. Chicago, The Flapper Pub. Co., 1922.

Fitzgerald, F. Scott. "Bernice Bobs Her Hair." Flappers and Philosophers, 1920.

Garber, Marjorie. Vested Interests: Cross-Dressing and Cultural Anxiety. New York: Routledge, 1992.

Gilfoyle, Timothy J. City of Eros: New York City, Prostitution, and the Commercialization of Sex, 1790-1920. New York & London: W.W. Norton & Company, 1992.

Gil-Montero, Martha. Brazilian Bombshell: A Biography of Carmen Miranda. New York: Donald I. Fine, Inc., 1989

Greer, Germaine. The Change: Women, Aging, and Menopause. Books on Tape, Inc., 1992.

Hotchkiss, Valerie R. Clothes Make the Man: Female Cross Dressing In Medieval Europe.

New York: Garland Publishing, Inc., 1996.

Keesey, Pam. Vamps: *An Illustrated History of the Femme Fatale*. San Francisco: Cleis Press, 1997.

Lieb, Sandra R. *Mother of the Blues: A Study of Ma Rainey*. Amherst, Massachusetts: The University of Massachusetts Press, 1981.

Lord, M.G. Forever Barbie: *The Unauthorized Biography of a Real Doll*. New York: William Morrow and Company, Inc., 1994.

Manring, M.M. *Slave in a Box: The Strange Career of Aunt Jemima*. Charlottesville, Virginia: University Press of Virginia, 1998.

Martin, Linda. The Way We Wore: *Fashion Illustrations of Children's Wear 1870-1970*. Charles Scribner's Sons: New York, 1978.

Nabokov, Vladimir. *Lolita*. New York: Putnam, 1955.

Nagle, Jill, Ed. *Whores and Other Feminists*. New York: Routledge, 1997

Partridge, Eric. *A Dictionary of Slang and Unconventional English*. New York: Macmillan Publishing, Co., Inc., 1970.

Postman, Andrew. "Athlete of the Century: Babe Didrikson," *Women's Sports and Fitness*, January/February 2000.

Pond, Mimi. *Valley Girls' Guide to Life*. New York: Dell Books, 1982.

Roberts, Diane. *The Myth of Aunt Jemima: Representations of Race and Region*. New York: Routledge, 1994.

Rogers, Mary F. *Barbie Culture*. London: SAGE Publications, 1999.

Rose, Clare. *Children's Clothes*. New York: Drama Book Publishers, 1990.

Shapiro, Laura. *Perfection Salad: Women and Cooking at the Turn of the Century*. New York: The Modern Library, 2001.

Spears, Richard A. *Slang and Euphemism: A Dictionary of Oaths, Curses, Insults,* *Ethnic Slurs, Sexual Slang and Metaphor, Drug Talk, College Lingo, and Related Matters*. Signet: New York, 1991.

Stenn, David. Bombshell: The *Life and Death of Jean Harlow*. New York: Doubleday, 1993.

Walker, Alice. "Giving the Party: Aunt Jemima, Mammy and the Goddess Within," Ms., May/June 1994.

Wilson, Dr. Robert A. Forever Feminine. New York: M. Evans and Co., Inc., 1968.

Wong, Anna May. "The True Life Story of a Chinese Girl parts 1 & 2." Reprinted from Pictures, 1926.

Wurtzel, Elizabeth. Bitch. New York: Doubleday, 1998.

Zimet, Jaye. *Strange Sisters: The Art of Lesbian Pulp Fiction 1949-1969*. New York: Viking Studio, 1999.

영화

Bombshell, Dir. Victor Fleming. Jean Harlow, Lee Tracy. Metro-Goldwyn-Mayer Corp., 1933.

Copacabana. Dir. Alfred E. Green. Groucho Marx, Carmen Miranda. Republic Pictures, 1947.

Fool There Was, A, Dir. Frank Powell. Theda Bara, Edward José. Box Office Attractions, Co., 1915.

Gentlemen Prefer Blondes, Dir. Howard Hawks. Jane Russell, Marilyn Monroe. 20th Century Fox Film Corp., 1953.

Gold Diggers of 1933, Dir. Mervyn LeRoy. Warren William, Joan Blondell. Warner Bros., 1933.

How to Marry a Millionaire, Dir. Jean Negulesco. Betty Grable, Marilyn Monroe. 20th Century Fox Film Corp., 1953.

Lolita, Dir. Stanley Kubrick. James Mason, Shelley Winters, Sue Lyon. Metro-Goldwyn-Mayer. 1962.

인터넷 사이트

Butch-Femme Network, www.butch-femme.net
Funk and Wagnalls, www.funkandwagnalls.com
Gardiner, Mark E. "The Real Wild Ones: The 1947 Hollister Motorcycle Riot" Classic Bike. On www.bikewriter.com/classic_bike.html
Hitchens, Christopher. "Mother Teresa: Saint to the Rich," September 5, 1997. archive.salon.com/sept97/news/news3.html
Mirriam Webster, Inc. Mirriam Webster Thesaurus Online, www.mirriamwebster.com/cgi-bin/thesaurus
National Women's History Project, www.nwhp.org
Oxford English Press. Oxford English Dictionary Online, www.oed.com
Queer by Choice, www.queerbychoice.com
Rosie the Riveter Trust, www.rosietheriveter.org
"Tokyo Rose," www.fbi.gov/libref/historic/famcases/rose/rose.htm
www.thesilentsmajority.com
"The NBA and White Wives," Young African Americans Against Media Stereotypes, July 15, 2002. www.yaams.org

사진 출처

35 Triumph in Defeat, by Norman Rockwell © 1953 the Norman Rockwell Family Entities Photo: Wadsworth Athenaeum
59 © Feature ash Photo Agency / Shutterstock, Inc.
63 Lilith by John Collier, Akinson Art Gallery, Southport, England
67 Eric Lessing/Art Resource, NY.
70, 71 Theda Bara photos courtesy Pam Keesey

73 Anna May Wong ©Bettman/Corbis
75 Photos courtesy Pam Keesey
81 Supermodel Naomi Campbell ©B.D.V./Corbis
83 © a katz / Shutterstock, Inc.
89 © John Gomez / Shutterstock, Inc.
91 Madonna Litta, Leonardo da Vinci, 1490-91. Hermitage State Museum, St. Petersburg, Russia
117 © Eugenio Marongiu / Shutterstock.com
127 © Cassiohabib / Shutterstock, Inc.
141 Madam Sperber's brothel, Junction City, Kansas, 1906. Joseph J. Pennell Collection, Kansas Collection, University of Kansas Libraries
151 Photo courtesy Heidi Fleiss
159 Betty Grable © Bettmann/Corbis
181 Odd Girls and Twilight Lovers: A History of Lesbian Life in Twentieth-Century America by Lillian Faderman
187 Fields(Naiad Press); Capetillo(Yamila Azize-Vargas collection); Kerwinieo(Jonathon Ned Katz collection); Tipton(AP/World Wide Photos)
227 Carmen Miranda paper doll © Tom Tierney, 1982.
229 Miranda © Bettmann/Corbis
241 Rosie the Riveter by Norman Rockwell. By permission of the Norman Rockwell Family Agency. Copyright © 1943 The Norman Rockwell Family Entities
243 Rosie the Riveter by J. Howard Miller National Archives
240 © 경향신문
251 Poster for Stanley Kubrick's film © 1961 Turner entertainment Co., an AOL Time Warner company
267 © redswept / Shutterstock, Inc.
269 The Wild Angels © 1966 Orion Pictures Distribution Courtesy MGM CLIP
271 © lev radin / Shutterstock, Inc.

그런 여자는 없다

국민여동생에서 페미나치까지

1판 1쇄 인쇄 2017년 3월 20일
1판 2쇄 인쇄 2018년 6월 25일

지은이 게릴라걸스
옮긴이 우효경
펴낸이 정민용
편집장 안중철
책임편집 이진실
편집 최미정, 윤상훈, 강소영

펴낸 곳 후마니타스(주)
출판등록 2002년 2월 19일 제300-2003-108호
주소 서울 마포구 양화로6길 19(서교동), 3층
편집 02-739-9929, 9930 제작/영업 02-722-9960
팩스 0505-333-9960
블로그 http://humabook.blog.me
페이스북 /Humanitasbook
인쇄 천일 031-955-8083
제본 일진제책 031-908-1407

값 16,000원
ISBN 978-89-6437-269-2 03300

이 도서의 국립중앙도서관 출판시도서목록(CIP)은 e-CIP 홈페이지(http://www.nl.go.kr/
ecip)에서 이용하실 수 있습니다(CIP제어번호: CIP2017003000).